国家自然科学基金面上项目"创新价值链视角下的非核心企业创新行为模式演化机理研究"（71573113）

教育部人文社会科学研究青年基金项目"基于国有企业'技术红利'的非核心企业创新成长路径研究"（16YJC790017）

产业创新网络中的大企业知识溢出研究

A Research on Knowledge Spillover of Large Enterprise in Innovation Network

冯荣凯◎著

图书在版编目（CIP）数据

产业创新网络中的大企业知识溢出研究/冯荣凯著.—北京：经济管理出版社，2017.10
ISBN 978-7-5096-5422-4

Ⅰ.①产… Ⅱ.①冯… Ⅲ.①企业管理—知识管理—研究 Ⅳ.①F272.4

中国版本图书馆CIP数据核字（2017）第249164号

组稿编辑：陈　力
责任编辑：杨国强　张瑞军
责任印制：司东翔
责任校对：王淑卿

出版发行：经济管理出版社
　　　　　（北京市海淀区北蜂窝8号中雅大厦A座11层　100038）
网　　址：www.E-mp.com.cn
电　　话：（010）51915602
印　　刷：北京玺诚印务有限公司
经　　销：新华书店
开　　本：720mm×1000mm/16
印　　张：12
字　　数：175千字
版　　次：2017年12月第1版　2017年12月第1次印刷
书　　号：ISBN 978-7-5096-5422-4
定　　价：48.00元

·版权所有　翻印必究·
凡购本社图书，如有印装错误，由本社读者服务部负责调换。
联系地址：北京阜外月坛北小街2号
电话：（010）68022974　邮编：100836

前　言

随着企业组织网络化和企业创新范式网络化的发展，处于经济转型期的中国出现了众多的以大企业主导型产业为主的创新网络。在产业创新网络中，大企业如何影响创新网络发展，中小企业如何学习大企业的知识和技术，产业创新网络中的知识溢出途径及影响因素有哪些？都是令人感兴趣的研究课题。本书在相关研究的基础上，以大企业主导型产业创新网络为研究对象，运用理论分析、实地调研、深度访谈、问卷调查和实证分析等研究方法，提出大企业依托自身资源拥有主导产业创新网络发展的大企业辐射力，并探究产业创新网络中的大企业辐射力如何影响知识溢出。本书的研究主要围绕以下几方面内容展开：

第一，构建产业创新网络的大企业知识溢出框架模型。首先，本书基于知识论的分析视角，揭示了显性知识和隐性知识的本质，分析了知识的产生和流动过程、产业创新网络形成的原因，以及知识溢出的途径。其次，本书界定了大企业主导型产业创新网络和大企业辐射力的内涵，并指出大企业辐射力是大企业主导创新网络的关键。最后，本书构建了大企业知识溢出框架模型，分析了大企业辐射力、吸收能力、关系质量、知识转移和知识溢出等构念的因果关系，阐述了在大企业主导型产业创新网络中，大企业辐射力对中小企业知识溢出的影响机理——大企业辐射力对大企业向中小企业知识溢出既存在直接影响，又存在间接影响，并提出相关假设。其中，大企业辐射力的直接作用通过R&D合作、人才流动和企业家创业三条途径实现；间接作用通过吸收能力、关系质量和知识转移三个中介因素完成。

第二，开发产业创新网络中的大企业知识溢出量表。为了对框架模型中的构念进行有效测度，本书开发了产业创新网络中的大企业知识溢出量表，此量表包括三个子量表：知识溢出量表、大企业辐射力量表以及知识溢出中介因素量表。其中，知识溢出量表和大企业辐射力量表为单维量表；知识溢出中介因素量表为多维量表，包括吸收能力、关系质量和知识转移三个子量表。量表开发经历了五个阶段：①前导研究，包括深度访谈和文本分析，为量表建立提供现实依据。②预试量表编写，包括题库建立、专家评价和题项包含性确认三个步骤。③预试量表施测。④预试量表检测，包括项目分析和探索性因子分析。知识溢出量表和大企业辐射力量表为单维量表，需要进行项目分析；知识溢出中介因素量表为多维量表，需要进行项目分析和探索性因子分析。⑤正式量表施测。

第三，产业创新网络中的大企业和国有企业知识溢出实证分析。本书选择辽宁省多个产业创新网络中的200家企业进行正式量表的施测。在获得样本数据后，通过描述统计分析确认了数据的有效性，并推断样本数据可能不服从正态分布。加之，本书为探索性研究，因此，本文选择了PLS-SEM方法对框架模型进行实证分析。经过严格的模型检验后，本书获得了有效的模型估计结果。实证结果支持了框架模型的七点假设。为了深入探析大企业辐射力的直接作用，本书构建了PLS模型，分析了大企业辐射力的不同方面对不同类型知识溢出的影响差异。

第四，本书获得如下结论：

结论一，产业创新网络中存在大企业辐射力。

结论二，大企业辐射力对大企业向中小企业的知识溢出具有直接作用。其中，大企业辐射力中的研发能力和规模生产能力对知识溢出的影响更为重要；相对于显性知识而言，大企业辐射对于隐性知识溢出的影响更显著。

结论三，大企业辐射力对大企业向中小企业的知识溢出具有间接作用。在辽宁产业创新网络中，关系质量的中介效应最大，吸收能力次之，知识转移最小。

结论四，量表的开发具有一定的合理性和有效性，可作为测度相关构念的测度工具。

目 录

第1章 绪论 … 1
1.1 问题的提出 … 1
1.1.1 研究背景 … 1
1.1.2 研究意义 … 2
1.2 文献综述 … 4
1.2.1 知识溢出 … 4
1.2.2 创新网络与技术能力 … 8
1.2.3 大型企业的技术创新 … 16
1.3 研究内容与研究框架 … 21
1.3.1 研究内容 … 21
1.3.2 研究框架 … 23
1.4 研究方法与创新点 … 24
1.4.1 研究方法 … 24
1.4.2 创新点 … 25

第2章 产业创新网络中的大企业知识溢出模型构建 … 27
2.1 产业创新网络与知识溢出的内涵 … 27
2.1.1 知识、知识论与金岳霖的知识论 … 27
2.1.2 知识类型、知识生产与创新网络形成 … 30

　　　　2.1.3　知识流动：知识转移与知识溢出……………………33
　　2.2　产业创新网络中的大企业知识溢出框架模型………………37
　　　　2.2.1　大企业主导型产业创新网络与大企业辐射力…………37
　　　　2.2.2　大企业辐射力对知识溢出的直接作用…………………40
　　　　2.2.3　大企业辐射力对知识溢出的间接作用…………………44
　　　　2.2.4　大企业辐射力与知识溢出框架模型……………………53
　　2.3　本章小结………………………………………………………54

第3章　产业创新网络中的大企业知识溢出量表开发……………57
　　3.1　前导研究………………………………………………………57
　　3.2　预试量表编写…………………………………………………59
　　3.3　预试量表施测…………………………………………………63
　　3.4　预试量表检测…………………………………………………63
　　　　3.4.1　知识溢出预试量表检测……………………………………64
　　　　3.4.2　大企业辐射力预试量表检测………………………………66
　　　　3.4.3　知识溢出中介因素预试量表检测…………………………68
　　3.5　本章小结………………………………………………………72

第4章　产业创新网络中的大企业知识溢出实证分析………………75
　　4.1　正式量表施测和样本整理……………………………………75
　　　　4.1.1　正式量表施测………………………………………………76
　　　　4.1.2　样本数据描述性统计分析…………………………………76
　　4.2　实证方法的选择：PLS-SEM 与 CB-SEM 的区别……………79
　　4.3　产业创新网络中的大企业知识溢出 PLS-SEM 模型…………81
　　　　4.3.1　路径分析图与模型估计……………………………………81
　　　　4.3.2　信度与效度检验……………………………………………83
　　　　4.3.3　中介变量的检验……………………………………………92

4.3.4　PLS-SEM 模型拟合优度与路径系数显著性检验 ········· 96
　　　4.3.5　实证结果 ··· 98
　4.4　大企业辐射力直接作用的 PLS 模型 ··· 102
　　　4.4.1　知识溢出的主成分模型 ··· 102
　　　4.4.2　PLS 模型检验和拟合结果 ·· 102
　4.5　实证结果讨论 ··· 105
　4.6　本章小结 ··· 108

第 5 章　产业创新网络中的国有企业知识溢出实证分析 ···················· 111
　5.1　产业创新网络中的国有企业发展现状 ····································· 111
　　　5.1.1　整体比较 ··· 111
　　　5.1.2　分行业比较 ··· 120
　　　5.1.3　中央企业 ··· 127
　5.2　产业创新网络中的国有企业知识溢出现象 ····························· 129
　　　5.2.1　技术红利 ··· 129
　　　5.2.2　研究假设 ··· 131
　5.3　产业创新网络中的国有企业知识溢出实证分析 ····················· 133
　　　5.3.1　研究模型 ··· 133
　　　5.3.2　变量设计 ··· 134
　　　5.3.3　样本选取 ··· 135
　　　5.3.4　实证结果 ··· 135
　　　5.3.5　研究结论 ··· 138
　5.4　本章小结 ··· 139

第 6 章　结论与展望 ·· 141
　6.1　研究结论 ··· 141
　　　6.1.1　产业创新网络中存在大企业辐射力 ······························· 142

　　　　6.1.2　大企业辐射力对大企业向中小企业的知识溢出具有
　　　　　　　直接作用 ………………………………………… 143
　　　　6.1.3　大企业辐射力对大企业向中小企业的知识溢出具有
　　　　　　　间接作用 ………………………………………… 144
　　　　6.1.4　三个量表的开发具有一定的合理性和有效性，可
　　　　　　　作为测度相关构念的测度工具 ………………… 147
　　　　6.1.5　东北地区国有企业发展呈现差异化特征，国有企业
　　　　　　　"技术红利"现象依然存在 …………………… 148
　　6.2　研究展望 ………………………………………………… 149

附录1　预试量表 ………………………………………………… 151

附录2　知识溢出中介因素预试量表的描述统计分析 ………… 155

附录3　题项与总分相关系数 …………………………………… 157

附录4　正式量表 ………………………………………………… 159

参考文献 …………………………………………………………… 163

第1章 绪 论

1.1 问题的提出

1.1.1 研究背景

2010年，中国GDP规模超过了日本成为仅次于美国的第二大经济体，但中国经济发展的质量和水平与发达国家还有很大距离。这种距离不仅体现在人均GDP、社会福利等诸多方面，更体现在经济发展和社会转型的驱动力量上，即企业是现代经济发展的引擎。随着全球化的发展、市场竞争加剧、产品生命周期的缩短、顾客需求变动日益加快，企业面临的竞争态势发生了根本性的转变。与传统的竞争不同，21世纪企业间的竞争不再是"敌我之间"的对抗，不再是一对一的较量，而是"我们与他们"之间的博弈，是产业创新网络对产业创新网络、创新价值链对创新价值链的博弈。单一企业没有必要，也没有能力掌握产品研发和生产过程中的全部知识。企业间的合作生产已经成为企业适应环境的必然选择。无论是主导选择，还是被动合作，每个企业都已嵌入日益复杂的创新网络中。

在信息化、网络化、全球化、知识化的21世纪，产业创新网络中的科技创新和创新人才将成为替代、整合全球资源的关键因素，将成为推动经济结构调整，经济增长方式转变，社会民主、和谐文明、生态环境保护与修复的主要动力。产业创新网络的发展是一个复杂的社会、经济、技术过程，创新能力正逐渐成为区域经济、国家经济发展的决定性因素和区域竞争力的核心。自20世纪后半叶以来，企业创新范式不断演化，从20世纪60年代到70年代中期第一、第二代的"线性创新模式"，20世纪70~80年代的"创新链环模式"，直至现在的"网络创新模式"。在微观层面上，网络化创新范式为创新主体提供了一定优越性；在宏观层面上，网络化创新范式亦有利于实现整体上的优化。产业创新网络的出现，是技术创新在理论和实践上的飞跃，标志着创新从离散线性过程模式转变为集成网络过程模式，企业从封闭式创新走向开放式创新。网络的开放性，对于创新的重要意义在于，允许人员和观念的自由沟通及持续流动，进而促进知识溢出。

知识溢出是本企业的技术对外部企业的溢出（郑登攀、党兴华，2008）。知识溢出为缺乏R&D经费的中小企业提供了技术进步的机会。良性运转的产业创新网络其纵向技术溢出比创新网络间的纵向溢出更加显著，中小企业获得技术更加容易，进而促进了产业创新网络整体创新能力。因此，本书研究如何加强产业创新网络知识溢出，以期为加强单一企业的技术能力、创新网络的创新能力、区域内的发展能力提供支持。

1.1.2 研究意义

随着现代信息与通信技术的发展和市场竞争的日益激烈，产业创新网络成为重要的创新中心，成为各组织间共享和交换资源、共同开发创意和新技能的一种方式。任何一家企业都不可能拥有在所有领域内保持领先并给市场带来重大创新所必需的全部知识，企业往往需要依托外部知识进行创新。在企业技术创新越来越依赖于外部知识的情况下，技术创新走向网络化。企业的创新活动已由过去那种相对对立的内部创新向多方合作、交互作用的外部创新网络阶段过渡。产业创新网络成为创新成功的基础。在产业创新网络中，企业在信息扩散、资源共享、获得专门资产以及组织间学习等方面获得益处。产业创新网络的本质是知识生产和流动的制度安排，考察知识如何在创新网络中流动，更好地阐释了产业创新网络的形成机理，无论对于政策的制定者还是企业实践工作者都具有重要意义。知识流动可分为知识转移和知识溢出。知识转移是有意识的知识传播；知识溢出是无意识的知识传播（Fallah 和 Ibrahim，2004）。知识转移是知识持有者可以控制的知识流动，知识持有者不会将关键技术或核心技术转移给知识接收方；知识接收方想获得关键技术或核心技术需依靠知识持有者的知识溢出。

网络化的创新成为当代技术创新的最显著特征，产业创新网络是一种更为紧密而系统化的创新机制，产业创新网络常常具有区域性。尽管市场和生产不断地理扩散，甚至形成全球化，但创新的流动性较差，它通常保持在特定区域。为了解释这种空间集聚现象，很多研究发现空间集聚的动力源于隐性知识的非编码化和隐性知识溢出难以溢出。在全球经济体制下，持续竞争优势源于本地化的知识、关系以及内在动力。尽管学术界分别对产业创新网络和知识溢出两个领域做了大量研究，但研究产业创新网络中的知识溢出较少，而且测度产业创新网络中知识溢出的研究仍处于起步阶段，甚至部分探索性研究存在一定问题。

中国产业创新网络虽然发展迅速，但由于发展时间尚短，目前仍处于起步阶段，缺乏持续的竞争力和创新力。目前，中国大企业主导型产业创新网络中的中小企业实力较弱，缺乏创新资源和动力，其技术进步多源于大企业向其知识流动。如何更好地促进大企业向中小企业知识溢出，提升产业创新网络整体水平的综合实力对于大企业和中小企业而言都是当务之急。因此，大企业主导型产业创新网络中的大企业向中小企业知识溢出的研究能够为中国整体创新网络竞争力的提升提供借鉴。

1.2 文献综述

1.2.1 知识溢出

知识溢出分为两种类型，产业内知识溢出和产业间知识溢出。产业内知识溢出又可称为 MAR 溢出，从马歇尔开始，并由阿罗和罗默延续；产业间知识溢出又称为 Jacobs 溢出，由 Jane Jacobs 提出，主要研究多元化产业间知识溢出（赵勇、白秀勇，2009）。大多数文献认为知识溢出受到溢出方、接收方、知识本身的性质和溢出环境的影响。有些文献结构性地分析了知识溢出的影响因素。Hamel（1991）研究发现，合作双方的策略意图、开放程度和接受能力等是组织间学习的决定因素。Cummings 和 Teng（2003）研究了企业研发合作中成功进行知识转移的概念模型，认为影响知识溢出的因素为知识特性、企业间关系特性、知识接收者特性以及企业行为活动特性。

随着知识的黏性（Von Hippel，1998）、知识的模糊性（Simonin，1999）、知识的隐性特征（波兰尼，2000；野中郁次郎等，2006）逐渐被人们所认识，知识溢出的空间因素逐渐成为研究知识溢出的重点之一（Baptista，2000；Howells，2002；克鲁格曼，2000）。知识溢出空间因素研究的三个方面对本书深入研究具有借鉴意义。

第一，知识溢出的地理因素。尽管 Harabi（1997）通过对瑞士调研发现，知识溢出的途径包括 R&D 活动、反求工程、出版物、技术会议、人际交流以及专利披露，但受地理空间影响较弱的显性知识具有的信息价值较低；而信息价值高的隐性知识难以编码，仅能通过面对面的交流进行传播。Baptista（2000）研究认为，新技术扩散是空间的变量；采用新技术的外部性在本地层面的表现更强是因为区域用户之间的地理邻近。地理因素对知识（尤其是隐性知识）与创新活动的关系具有影响（Howells，2002），有助于企业的技术、知识溢出（Fallah 和 Ibrahim，2004）和创新绩效的提升（Mccann 和 Simonen，2005）；并且知识溢出的强度依赖于两个地区之间的地理距离（Caniëls 和 Verspagen，2011）。Breschi 和 Lissoni（2003）研究发现，通过专利引用所表征的知识流动的本地化程度，与劳动力流动和网络关系的本地化程度显著相关；这说明地理因素不是知识本地化形成的充分条件，它需要以充分参与网络知识的交换为前提。

但是，也有研究对地理距离提出了质疑。Saxenian（1994）对美国硅谷、波士顿等地的经验研究表明，对于创新活动来说，重要的不是人才和知识在区域的聚集，而是这些资源的流动与交流，而保障流动与交流的条件是社会网络，企业之间稳定的社会网络降低了交易成本，促进了知识溢出，增强了创新能力。Bathelt 等（2004）提出了知识溢出的"本地溢出"模型，认为本地企业必须依赖于全球范围的知识获取，才能够实现本地知识与全球知识的有效互动。Smith 等（2004）基于对波士顿生物科技产业集群的案例研究发现，区域产业集群中决定性的、非累积性的知识通常由全球管道传播，即全球管道可以有效地传递集群外部知识，实现本地知识的不断更新。其中，全球管道是指本地企业与跨国公司建立的各种形式的联系。社会网络可以促进双方频繁的面对面的交流和互动，进而促进隐性知识的有效传递。因此，这些文献认为地理邻近并不是知识溢出的本质原因，实际上，地理邻近只是促进了企业间互动、信任等联系机制的建立，而联系机制的本身才是促进国际间知识溢出的本质原因。

第二，技术相似性与知识溢出。Hosein 和 Sherwat（2004）在研究溢出与集群创新绩效关系中发现技术相似性对企业的技术溢出有影响。Kaiser（2002）在对知识溢出的研究中发现，技术空间和地理距离与知识溢出的关系显现完全与直觉相反的结果。Caniëls 和 Verspagen（2011）在研究跨区域的知识溢出对区域经济增长的作用时发现，区域学习能力以及知识产生

(R&D) 的速率是一个关键参数。Simonin（1999）研究认为，战略联盟合作伙伴间的知识转移效应受企业层面的合作专项技术、学习能力以及联盟持续时间的影响。

第三，企业家精神与知识溢出。知识溢出与战略企业家精神之间的关系是众多学者研究的焦点（Agarwal 等，2010）。Audretsch 和 Stephan（1999）研究认为，知识溢出有助于科学家的知识商业化，但不利于组织创新激励。Audretsch 和 Lehmann（2005）研究发现，地理上紧密围绕大学建立的企业数量与该地区的知识能力和大学的知识产出水平显著正相关。

中国学者对知识溢出的研究主要集中在近几年，关注的重点集中在集群创新网络的知识溢出效应（魏江，2003；韩伯棠等，2008）、知识溢出影响因素（李博文，2011）、吸收能力对知识溢出的影响（陶锋，2011；刘满凤、唐厚兴，2011）、区域创新网络中的知识溢出与企业集聚（李君华，2009；杨慧馨、刘春玉，2005）等方面。由此可知，中国此类问题的研究无论研究规模还是研究深度尚处于起步阶段。关于如何进一步研究创新网络知识溢出作用机理与途径，以及如何开展实证研究还有很多值得探索的空间。

关于知识溢出的另一大研究方向是技术溢出，技术溢出的研究主要是指与 FDI 相关的知识溢出。有学者认为，技术溢出可分为外生溢出和内生溢出，外生溢出是指企业所无法控制的、自然和不可避免的溢出；内生溢出是指企业所愿意的、可选择的溢出（郑登攀、党兴华，2008）。尽管学者们都承认内生溢出的存在，如 Nakagawa 等（2009）通过 2000 年以后日本的材料产业发展数据，研究了经济模式的转变条件下技术外溢结构的变化。他们对日本的全球最大的复合半导体材料公司，住友电气工业株式会社对 1980~2004 年的专利申请进行了详细审查。通过分析，观察到了技术外溢和经济模式转变下的关系。他们发现，在工业社会中，内部技术溢出成功地推进了创新。与此相反，在信息社会，区域内和跨区域技术溢出的机会减少了，部分原因是经济停滞，以及经营战略的组织惯性。

第 1 章 绪　论

　　在后信息社会，伴随着国家科学和技术政策及企业管理改革的发展，技术外溢出现于不同行业，经济也逐渐复苏起来。但国内外的大多数研究针对外生溢出，且集中于 FDI 的技术溢出。FDI 一般通过三种技术溢出渠道对东道国企业产生影响，即水平、前向和后向关联。Madsen（2007）研究了超过 135 年的经合组织国家在技术引进和全要素生产率（TFP）方面的数据集，试图发现知识是否通过国际贸易渠道进行了传播。实证结果表明，全要素生产率与知识引进之间存在显著的关系。数据表明，1870～2004 年，知识溢出已经成为经合组织国家全要素生产率收敛的一个重要因素。Sinani 和 Klaus（2004）认为，外商直接投资（FDI）产生的技术溢出对于转型经济体中的本地公司具有积极作用。他们使用生产函数框架估算 1994～1999 年爱沙尼亚的国外直接投资带来的技术溢出对于国内公司的销售增长的影响。研究结构发现，该溢出效应的大小与传入的外国直接投资公司的特点以及接受的当地公司有关联。更具体地说，技术溢出受到外国投资公司使用的策略和接受的本地公司的规模、所有权结构和贸易方向定位的影响。Watanabe 等（2001）研究了技术溢出效应对于产业研发战略的影响。他们指出，人员、货物和信息的跨境流动，以及技术与资本存量和劳动力的互补性增加，加速了经济增长和全球技术溢出效应。他们通过技术溢出的理论和实证分析，研究了技术溢出对于产量增加的作用，及其同化能力，并试图查明同化能力的来源和机制，以指导企业调整研发战略。

　　国内大多数学者对技术溢出的研究大都以区域或行业作为研究对象（沈坤荣、耿强，2001；陈涛涛，2003；陈涛涛、陈娇，2006；邱斌、杨帅、辛培江，2008），认为 FDI 总体上提高了中国工业的生产率，水平联系产生的行业内技术溢出效益显著存在。随着全球化和生产非一体化的发展，国内外学者对前向和后向关联产生的行业间技术溢出问题研究逐渐增加（Amiti 和 Freund，1999；Lopez，2003；Javorcik，2004；邱斌、杨帅和辛培江，2008），认为中国行业间技术溢出与行业内相比更加明显。部分学者认为，实证检验所表现的"正向"技术溢出效果是由于忽略了制度因素所致，从而使 FDI 的技术溢出效果被高估。溢出效应并不是自发产生的，而是受投资动机、东道国自身经济特点等多方面原因影响，以往研究多从外资企业角度出发，近年不少学者开始从东道国角度出发，研究东道国自身吸收能力、市场竞争程度对 FDI 溢出效应的影响作用（Kinoshita，2001；Kokko，1996；江小涓，2002；蒋殿春、张宇，2006；黄凌云、范艳霞、刘夏明，2007）。另外，政策因素也被认为是影响技术溢出的主要因素。Watanabe 等（2004）以日本政府主导的研发联盟在过去 40 年的情况为研究对象，研究了政府对于技术溢出的影响作用及其局限性。他们认为竞争对手合作的原因是可以形成一个良性循环，促进参与者之间的技术外溢与技术、经济的整体性。

技术溢出的测度研究思路大体有两种：第一种是直接测度社会收益率；第二种是经验回归法。社会收益率测度法的依据是外部性模型中私人收益率低于社会收益率的结论，如果能测度出社会收益率，减去私人收益率，就可以推算出收益外溢的比例。但是，社会收益率方法一般适用于能明确测度社会收益率的领域，必须有确定的技术创新项目，而且其外溢影响只在一定范围之内，该方法才能较好地测度社会收益率，否则会因成本过高而无法操作（Griliches，1992；沈坤荣、李剑，2009）。国外学者 Hur 和 Watanabe（2001）则运用动力学的概念，研究了增加技术同化能力的重要因素，同时运用动力学速度的方法对溢出效应进行估算。他们使用日本制造业的技术经济数据集，发现 R&D 溢出具有一个积极和重要的外部性。体制的影响对于"加速同化能力"是关键因素。他们认为，动力学方法可以代替回归的方法，计算技术吸收和同化能力。

1.2.2 创新网络与技术能力

在技术发展迅速、知识来源分布广泛的领域，任何一家企业都不可能拥有能在所有领域内保持领先并给市场带来重大创新所必需的全部知识

第1章 绪 论

(Powell，2001)。创新网络已成为创新的中心，创新网络中企业在信息、地位和资源方面都具有明显的优势（伯特，2008）。国内外学者对产业创新及创新网络的相关研究主要集中在如下几个方面。

1.2.2.1 创新网络是企业获取互补性资源、能力的必然选择

技术能力反映着本地、区域和国家创新环境（Stroper，1995）。早先的研究表明，正式合作网络对技术创新体系（TIS）的形成具有重要作用，正式创新网络中的企业与其他参与主体之间的合作不仅能够推动新知识的产生，还能战略性地创造和形成支撑系统资源，诸如技术R&D项目。产业创新网络、公共研发网络、外资创新网络是国家创新体系的三个重要子系统（Shih和Chang，2009）。产业创新网络相关研究大都受"国家创新体系"（NIS）（Freeman，1987；Lundvall，1992；Nelson，1993）思路的影响。Frenken（2000）研究认为，成功的创新实现依赖于生产者、客户、政府等部门共同构成的网络的能力的互补，并通过NK模型来模拟创新网络中的能力互补效应；提出模型的研究假设，由生产者、客户、政府等自组织形成的特殊的创新网络，其中特殊技术的生产者不断将关注投入到特定国家的特定的使用者，最后在实证研究结果的基础上提出了相应的政策建议。来自英国的数据发现，创新型的中小企业一般都拥有一个包含企业（主要是中小企业）、各种技术、市场以及制造商之间的伙伴关系，还包括大学、私人研究机构等（Rothwell，1991）。

Heidenreich（2009）通过对低技术产业的技术创新的特殊路径研究发现，中低技术产业具有典型的生产过程、组织过程以及市场创新方面的竞争力，但在机器、设备、软件等方面高度依赖于产业外部的创新能力；供应商是中低技术产业信息和知识的重要来源。企业通常会运用四类信息资源来发展改进产品生产流程，分别是内部资源、市场资源、研发资源以及一般性的信息资源。相对于那些引进世界先进技术的企业来说，依靠自身开发世界先进水平技术的企业更加倾向于运用更大规模的、各种各样的资源。结论是，

制定和发展有利于促进企业、大学和政府实验室之间合作关系的政策可增加创新实现的机会（Amara 和 Landry，2005）。Musiolik、Markard 和 Hekkert（2012）认为，创新网络的形成和发展有助于 TIS 的构建。研究发现，创新网络不仅仅建立在网络成员间的组织资源基础上，还有赖于网络层面开发形成的新资源，包括网络管理结构、诚信机制、共同战略目标、声誉等。Guo（2008）研究认为，包括内部研发、国外技术转移、国内技术转移和产业间的 R&D 溢出的四个渠道有利于企业生产效率的提升。

20 世纪 90 年代末，中国学者开始关注产业创新网络，把建立本地创新网络视为促进外向型制造业集聚区域发展转型和变革的重要途径（童昕、王缉慈，2000）。盖文启、王缉慈（1999）研究认为，资金困难、市场环境不确定性和不公平、合作创新薄弱等问题，是驱使具有创新优势的高新技术中心企业进行网络化合作创新活动的重要原因。通过构建区域创新网络将更有益于中心企业创新能力的提升和区域经济的快速发展。翁君奕（2002）研究认为，企业所面临的不确定性和市场竞争环境是影响企业网络化行为的重要影响因素。不同于以往的基于企业结网行为的收益和成本考量的创新网络形成及发展的论断；并认为竞争压力和对外部市场、环境的不确定性是企业间创新合作网络化行为的必要条件。崔新健、宫亮亮（2008）研究认为，跨国公司选择高校 R&D 合作伙伴是一个动态的综合性的考量，其中合作伙伴的技术创新、知识产权、人力资本等方面的情况是跨国公司决策的重要影响因素。肖泽磊、项喜章、刘虹（2010）研究认为，高新技术产业集群的创新资源的集聚以及组织间的创新合作网络，有助于集群竞争优势的形成和发展。李锐、鞠晓峰（2009）认为，产业创新体系内部的创新活动及过程具有不稳定、突变、随机等特征，是一个自组织特性非常强的创新系统。夏辉和夏光（2008）研究认为，大学园区、科技园区、公共社区与产业发展之间紧密结合对于区域经济的发展具有重要的支撑作用，其有利于区域创新网络以及创新系统的发展。毛荐其和俞国方（2006）研究指出，以企业创新为核心，基于产业链、产业集群构建的创新型城市，对于城市或区域创新能力的提升以及创新资源的高效配置具有重要的作用,将有助于城市或区域经济的可持续发展。

上述分析从不同角度说明,创新网络作为企业获取互补性资源、能力的一种途径,能够高效地配置网络内的异质性创新资源,有助于组织间的知识溢出和转移,进而提高企业的创新能力和创新绩效。受到外部市场环境、产业特性、地域特征的等因素的限制,不同的产业创新网络的形成、构成、结构、发展、治理也呈现出不同的状态。这将为本书制造产业创新网络中知识溢出的研究提供非常有益的借鉴。

1.2.2.2 产业创新网络的结构、配置功能、绩效

Gemunden、Ritter 和 Heydebreck（1996）基于强度和结构是企业技术网络重要维度的假设,对七种不同类型的技术创新网络结构、配置形式进行了研究。通过对 321 家高新技术企业的数据研究发现,创新的成功实现与企业技术创新网络具有重要的关联。产品创新以及生产过程创新需要不同类型的网络配置形式或结构。Chang 和 Shih（2005）对中国台湾和大陆创新网络中创新扩散的结构和性能进行了定量的比较。研究表明,这两个系统有类似的关键部分,即机械设备、电子部件和组件以及来源等,但也存在显著差异。台湾系统的特点是系统性和层次性较高,而大陆的系统密度差、集中度较低。此外,台湾在纵向产业链上的创新扩散能力比大陆强,这是由于前者拥有更有效的产业集群。另外,中国大陆的科技集中在重工业,而台湾是以高科技产业为重点。Staropoli（1998）旨在研究生物技术发展中的制药产业内合作伙伴网络的组织形式的历史耦合性。不同于其他高新技术产业,创新网络作为合作关系的一种组织形式,在制造产业中相比其他传统的合作形式（如 R&D 协议、交互授权（cross-licensing）、联合开发、并购/重组等）尚属于边缘领域。仅有两个企业采取了这种网络组织形式来管理它们的 R&D 合作活动。相比企业产业,创新合作网络被认为是生物技术发展高度技术不确定性背景下的一种有效选择。Corsaro、Ramos 和 Henneberg（2012）认为,

随着越来越多的学者关注和研究商业网络中的价值创造，有关商业网络关系中的个体参与者层面的研究却始终甚少。在这类网络、创新网络等的研究中，旨在促进或提高创新绩效效率和效果的战略企业家网络的配置功能的研究逐渐受到关注和重视。然而，明确将价值创造和创新网络的配置功相结合研究更为少数。本书旨在研究创新网络的配置功能如何影响商业网络中的价值星系（Value Constellation）方面①。本书通过对共同处于创新网络中的46家高新技术创业企业进行访谈。研究发现，不同的网络配置可以完全存在于同一个创新网络之中，它们之间并非替代或独立的结构，而是通过网络中的参与者实现相互作用，并扩展它们在网络中的边界。战略性中小企业创新网络受到各国政府的关注，然而揭示创新网络形成因素的相关学术研究却甚少。Thorgren、Wincent 和 Qrtqvist（2009）研究了网络成员的数量（网络规模）、基于企业动机的网络形成、管制结构的发展（网络管理功能）方面对网络创新绩效的影响。结果发现，网络规模越大、基于企业动机形成的创新网络，其创新网络的创新绩效越好；网络管理对上述影响具有调节功能。企业在地理或区域集群中的组织间网络中的位置通常能够影响企业的创新。Menrad（2004）对德国食品工业创新网络的分析表明，不同创新参与者的交互关系，直接影响着产业创新网络的绩效，并分析了德国食品工业的创新体系。

国内学者对创新网络的配置功能、结构以及网络中的企业创新绩效的研究主要集中在如下方面。国内学者池仁勇（2005，2007）通过对区域中小企业创新网络的形成机理、网络结构属性、功能提升、网络节点联结、效率评价等方面的研究，认为网络中心节点企业对创新网络的功能提升具有重要作用。徐和平等（2003）通过对产品创新网络的资源配置、治理机制等方

---

① 价值星系是一个企业间的中间组织，是一个企业吸引集合的创造价值的系统。这个系统的各成员，包括作为"恒星"企业的经济人公司、模块生产企业、供应商、经销商、合伙人、顾客等，共同"合作创造"价值，通过"成员组合"方式进行角色与关系的重塑，经由新的角色，以新的协同关系再创价值（Reinvest Value）。

面的研究认为，易于激发分布式的点状知识资源的流动和扩散的机制，是激发创新网络技术、知识流动和创造的关键。过聚荣（2005）研究认为，以市场价格调节机制和契约为主的协调机制不利于激发技术创新的实现。网络化的创新治理形式能够促进参与主体对技术创新专用性资产的投资。周立军（2009）关注于区域创新网络的结构和创新能力。除此之外，国内学者还将突破性创新（齐延信、吴祈宗，2000）、社会网络、模块化、松散耦合系统（党兴华、张首魁，2005，2006）等内容引入到产业创新网络分析之中。探究创新网络内部的运行机制成为国内学者关注的又一个重要领域。陈学光（2007）对有效的创新网络的特征进行了探讨，并分析了其对企业创新绩效的作用机理，分析了网络能力对构建有效创新网络的影响机制、网络能力的关键影响因素。徐盟（2009）从集群创新网络的生成机制、激励机制、学习机制等角度探究了产业集群内创新网络的运行机制。鲁新（2010）建立了基于复杂系统的创新网络演化模型以揭示创新网络的形成和演化机制。

上述分析，逐步开始由网络内部的知识流动、关系强弱、运行机制转向网络整体绩效、效率问题，这些研究成果给本书的最大启发就是，需要探索大企业产业创新网络中的协调性问题，创新网络的内部利益相关者之间如何协调能够使网络效率提高，并推动网络关系更深层次的演化是一个值得关注的问题。

1.2.2.3　创新网络要素与网络的形成、发展、演化

Salavisa、Sousa 和 Fontes（2012）通过对知识密集型产业部门，主要是分子生物技术和通信软件技术的研究，以更好理解网络多样性的原因。上述产业技术部门在知识的开发和创新过程的组织上存在很大的差异。笔者认为，产业技术部门间的差异会影响企业获取创新必需资源的类型、资源的来源、获取的模式以及企业未来的网络化行为。Choia 等（2011）指出，企业集团所属对于中国企业创新绩效具有积极作用。商业团体提供各种资源，是

各种行为者的中间机制协调者。Casanueva、Castro 和 Galan（2012）研究了各种类型的关系以及这些关系如何影响隐性知识和显性知识的传递。研究发现，企业在创新网络中的位置会通过多种不同方式（如网络的类型——隐性或显性，创新的类型——过程或产品），影响企业的创新绩效。研究结果表明，处于包含隐性和显性知识网络中心位置对产品创新具有重要影响，而结构洞对此的影响却非常弱。上述发现支持了学者对"知识网络中的战略管理的位置能够改进一个企业创新绩效"的论断。

Storz（2008）以日本游戏软件业为研究对象，对美国和日本的创新体系进行了比较。他指出日本创新体系固有的路径依赖使得创新和新产业的建立非常困难。他认为创新系统的动态性，即动态路径的柔性可以使日本在游戏软件业这一高度创新的领域处于全球领先地位。Xie、Mao 和 Zhang（2011）通过对西安高新技术产业园区的 124 家企业的经验分析，研究发现，网络结构、知识存量对吸收能力具有积极的影响；同时，网络结构、知识存量可以通过吸收能力间接影响创新绩效；吸收能力具有一个关键的中间调节作用。同时，网络结构以及知识的积累对创新绩效的改进也具有直接的积极的影响。Bartholomew（1997）也是较早对产业创新网络进行研究的学者之一，他从知识积累、跨部门（国家）技术流动、企业和公共研发机构等方面，对美英德日等国生物技术产业创新网络（体系）进行了比较，发现了制度体系的稳定性和国家的技术优势对产业创新网络具有显著影响。战略性中小企业创新网络受到各国政府的关注，然而揭示创新网络形成的因素的相关学术研究却甚少。Shyu 等（2001）比较了韩国、中国台湾、美国和中国大陆集成电路产业的创新政策。比较创新政策的三个方面：创新政策的国家偏好；创新政策对产业创新需求的影响；产业创新的竞争优势。Chen（2011）研究认为，技术创新能力直接限制了高新技术产业可持续竞争优势的形成和发展；并试图通过对中国 30 个省份的高新技术产业数据的实证分析，找到限制高新技术产业技术创新能力发展或提升的关键因素。研究结果发现，高新技术产业技术创新能力的区域差异是由如下五方面因素造成的：

技术投入—产出的绝对值、技术投入的相对值、技术产出的相对值、金融支撑环境以及智力资本。

国内学者从网络关系强度、关系质量、关系频度、关系属性等角度研究创新网络的发展与演化。有学者利用现代场理论（蒋军锋、党兴华和刘兰建，2007），也有学者通过引入社会网络理论中的强关系、弱关系（Granovetter，1985）分析方法，开始关注产业创新网络中的关系强度（潘松挺和蔡宁，2010）。创新网络中的知识连接机制（蒋翠清、杨善林等，2006）、知识测度特征（蒋军锋、党兴华等，2007）、知识获取与创新绩效的关系（吴晓冰，2009）等成为国内学者进一步探究创新网络中知识流动的重要内容之一。蔡宁、潘松挺（2008）基于海正药业的经验分析，研究发现，强弱关系与技术创新模式存在耦合性，且企业网络的强弱关系与技术创新模式之间呈现出协同演化的特征。随着企业与创新网络的协同演化，企业需要依据不同的环境特征选择相适应的技术创新模式。党兴华、张首魁（2005）研究认为，联系要素、依赖要素与激励要素的交互作用可以实现模块组织间的松散的耦合，为创新网络的有效运作创造了条件。

上述分析涵盖了产业技术差异、区域差异、知识属性、网络位置、关系强度、网络环境以及政策因素等对创新网络发展、演化的影响作用。尽管，目前国内外学者有关创新网络形成、发展、演化的研究范围非常广，但有关创新网络演化过程中上述因素之间的交互作用以及这些因素对网络演化的动态作用的变化，还没有详尽而深入的分析。有关创新网络的特征要素、网络的演化与网络中的知识属性、溢出、转移、扩散之间的动态关系是值得深入思考和研究的一个议题。

1.2.2.4 产业创新网络的本地性或区域性

普遍认为，相对于大企业而言，中小企业更依赖于产业创新网络中的地区环境，Karlsson 和 Olsson（1998）研究发现，在一个大的产业密集区域，本地环境对大企业创新更为重要。Miller（1994）在研究汽车产业的 R&D 合作的全球化过程中发现，大规模创新过程、加速的产品开发以及技术战略的重要性不断加强推动了 R&D 活动更倾向于深入本地开发。然而，海外销售市场的分散性、对竞争对手工程技术人员的实时监控、国外组装厂等都是限制创新活动聚集的因素。因此，追求全球化、出口以及区域战略的企业，倾向于将 R&D 活动聚集在本地。只有那些追求多区域战略的企业才会部分地分散它们的 R&D 活动。汽车产业全球网络的发展受到通信困难、交通时间、成本等因素的限制。De Jong 和 Freel（2010）研究发现，产业创新网络中的绝大多数合作伙伴都是"本地的"，因此，目前的集群等产业政策大都集中在了本地化网络的构建，强调本地合作关系的建立，而忽视与外地知识交流的重要性。Torré（2008）也认为，追求本地创新参与者之间的协同效应是绝大多数地区产业政策的基本指向。当然，也有学者对创新网络的本地化趋势提出了质疑。Kaufmann、Lehner 和 Todtling（2003）研究认为，创新体系和创新环境表明一个企业的创新过程与其他企业和组织的活动密切相关。互联网作为一种新型的信息和共同技术对于上述关系具有巨大的潜在影响。创新网络将使企业与更远距离的合作伙伴沟通便利，并得到这样一个结论，创新网络逐渐从地理或空间因素中独立出来。同时基于对澳大利亚企业的调查研究发现，互联网确实在改变企业创新网络中的合作成员的类型以及网络的空间延伸。Gay 和 Dousset（2005）通过对生物技术产业的研究发现，网络展现出一种小世界效应，创新与网络具有联合动态性，尤其是在那些持续性的根本性创新主导发展的产业中，基于对合作网络中的动态性、结构特征充分理解、认识的战略选择，对于企业在产业中的核心/领导地位的形成具有重要意义。

1.2.3　大型企业的技术创新

大企业凭借竞争优势更有利于组织创新，然而中国的大企业在创新能力和盈利能力等方面与国际大企业相去甚远。李建明和张永伟（2002）根据中国企业联合会、中国企业家协会 2002 年中国企业 500 强和美国财富杂志 2002 年世界 500 强的数据，从竞争力角度分析中外企业 500 强存在的差距，指出劳动生产率、盈利能力差距较大，创新能力差距悬殊。在当年，整个生物制药行业产品以仿制为主；汽车行业产品质量差，整体技术水平低；电子信息产品制造业在当年仅仅是全球的一个加工组装基地。中国企业联合会课题组（2009）通过中国企业家联合会、中国企业家协会近 5 年发布的中国企业 500 强、中国制造业企业 500 强、中国服务业企业 500 强的相关数据，对中国大企业的最新趋势、发展特征、突出问题进行了研究，指出中国绝大部分大企业的发展受益于宏观经济高速增长的"水涨船高"式成长，多数企业自身内在的成长能力并未同步提升，缺少核心竞争力，企业抗击外界扰动能力较弱。2008 年国际金融危机后，中国少数几个行业都出现了"全行业亏损"局面，包括铁路运输业、民航运输业、电力生产业等。另外，在市场化竞争还不充分的环境下，企业同质化严重，并购整合互补性不强。

Yao（2006）从国家宏观角度研究大企业的作用及其创新问题。Yao 指出，中国一直依靠劳动密集型产业的发展和廉价的低到中等水平的技术产品。中国虽然已成为第三大出口国，然而却没有大量的可以与世界领先的跨国公司竞争的大企业。同时，中国政府认识到自身的弱点，一直试图提高企业和科研机构在基础研究、创新和新技术、实用新型，以及外观设计等方面的技术创新能力。中国的科学和技术所遵循的原则是"两条腿走路"：第一，提高国内研究和创新能力，在科研院所、大学、生产型企业等开展科研活动。第二，通过它的开放政策和在吸引外国直接投资技术方面发展技术能力。目前已经有更多的研究和创新活动，在大型生产型企业中开展起来。但同时，中国科学和技术还存在较多的不足：研究开支并未跟上经济的发展；没有足够的高度创新的大企业，无法与世界上最大的跨国企业竞争；中国在很多核心的科技密集型产业较弱，如计算机软件、飞机、汽车和电器等重点行业；大型生产型企业大多属于国有，很多效率低下，处于亏损状态；中国的经济发展高度依赖外国技术;中国科学和技术的支出已经低于国际标准,与其经济快速增长相比较低;中国的经济增长一直高度依赖投资和劳动力,而不是技术进步和效率提高。

通过上述我们可以发现,中国绝大多数大企业都尚未发挥出创新活动的主导力量的作用,并且在国有大中型企业居多的传统行业,盈利能力以及创新能力的不足更加凸显。

现代产业技术开发和产品开发所需要的大量财力、人力投入,是中小企业难以承担的,也是政府不可能承担的。大型企业和企业集团成为推动产业技术进步、实现科技成果转化的主体,大企业组织在产品创新基础上的科研组织功能是现代技术革命的主导力量。在社会化分工的产业组织结构中,大型企业集团先进的科学技术和管理方法将通过产业协作链条传递到中小企业中,从而带动一大批企业技术和管理素质的提高(国家计委宏观经济研究院课题组,1996)。就大企业、企业规模是否与创新有直接关系,很多学者有不同观点。

观点一,企业规模与创新有正向关系,大企业创新贡献突出。Wakasugi 和 Koyata(1997)研究了 1980~1990 年的日本电气企业。在这项研究中,对比小型公司,规模较大的公司实行更加积极的技术创新。但是,这项研究并没有透露任何专利申请或产品的开发与经济规模的关系。总体而言,他们研究的统计证据并不支持企业规模的增加会提高创新活动的效率这一论断。Archibugi 等(1995)通过一个新的技术创新指标方法对企业创新的成本进行了研究。基于这个新指标的实证结果表明,在某些高技术创新的部门,企业规模和创新强度之间从总体上具有正相关性。

观点二,小企业具有更强的创新精神,尤其体现在突破性创新方面。Shefer 和 Frenkel(2005)研究了企业规模对企业技术创新的影响,并指出,在最近几年中,小企业尤其是在高科技产业的小企业的创新活动大量增加。William 和 Baumol(2004)探讨了影响前所未有的增长和自由市场经济创新绩效的因素。他们的研究表明,企业 R&D 支出的大部分来自少数大型企业。

第 1 章 绪 论

然而，革命性的突破主要来自小型创业型企业。

另外，很多国外学者对大企业技术创新与国家经济发展之间的关系进行了研究，进而论证了大企业在一国经济发展中的支柱作用。Bergman 等（2006）研究了维也纳的创新经济。他们指出，维也纳作为奥地利最大的创新型城市，地区的作用取决于许多因素，其中一个充满活力的区域创新体系是一个关键组成部分。该地区最活跃的组织都集中在城市本身，大学、研究机构、小企业、大公司的比例大约是 4∶2∶1∶1。大企业占企业创新主导地位，虽然更多的研究不断地转向中小型企业。他们认为应进一步制定政策以支持关键的组织，改善科研基础设施，进一步建立城市的创造知识系统，以确保城市长期创新的可能性。William 和 Baumol（2004）探讨了影响前所未有的增长和自由市场经济创新绩效的因素。他们的研究表明，激烈的寡头竞争，特别是在高科技产业中，迫使企业要不断创新才能生存。这导致它们创新活动的内部化，而不是把它们交给独立投资人，并将发明转换成一个装配线流程。企业 R&D 支出的大部分来自少数大型企业。然而，革命性的突破主要来自小型创业型企业。Auerswald 和 Branscomb（2004）调查研究认为，潜在的美国的以技术为基础的经济增长，依赖于大公司和新企业创业的相互补充。Guan 和 Ma（2003）的实证研究表明，除了制造能力之外，出口增长与创新能力的规模的整体改进密切相关；尽管本土市场份额对出口没有显著的影响，但产品增长率的显著增加改进了出口业绩的比率；仅仅这些主要的创新活动（R&D 活动，生产和营销）不能够保证出口的持续增长。相反，那些补充性的创新活动，不仅使企业的技术资产完全渗透到企业的整体能力中，还促使企业能够获得持续的国际竞争力。他们指出，各种创新资产的相互作用和协调是中国企业国际竞争力提升的主要因素。Ali Uzun（2001）对土耳其 2100 家制造业企业的技术创新活动进行了全国范围内的调查研究。调查结果发现，在那些拥有大规模雇员的企业中创新活动更加广泛。在制造业的其他部门中，60%~80% 的企业进行创新活动。进行创新活动的首要目的是改进产品质量和开发新市场。内部研发是支持创新活动的主要信息来源。调查中，51.2%的从事创新活动的企业与咨询公司进行合作开发活动，52.3%的企业与欧盟国家的企业进行合作。制造业部门中的绝大多数企业，超过50%的总销售额来自于新技术开发或改进的产品。只有19%的企业进行专利申请，并且申请成功的专利也非常少。对创新活动基本指标的相关分析显示，新产品销售额、研发支出与企业规模之间的相关性非常小。大企业在一国的经济增长中具有重要作用，关注大企业主导型的产业集群以及创新网络的发展尤为重要。

很多国外学者研究了技术创新对于大企业绩效的作用。Buchta等（2007）指出创新及顾客导向是大企业内部增长的支撑点。IT技术增强了企业创新能力，巩固了客户关系，从而形成了内部增长的基础，这也是外部增长的成功因素。Guo Bin（2008）通过对中国大型和中型以上的1996~2001年生产企业产业层面分析，探讨了四个技术获取渠道对工业的贡献。这些渠道包括内部研发、国外技术转移、国内技术转移和产业间的R&D溢出。实证结果表明，行业间的R&D溢出与外国技术转让对劳动生产率和全要素生产率有显著贡献。公司内部的研发和产业间的R&D溢出在塑造创新性能和提高工业全要素生产率方面存在互补关系。对于劳动生产率，内部研发是外国技术转让的一种补充。Guana等（2006）的实证结果表明，中国国有企业的一大部分开支用于购买技术设备。它们首选材料技术（研发和制造技术）而不是非物质技术（"软技术"）。它们在很大程度上忽略了改善"软"技术能力的重要性。它们的管理、营销和组织能力欠缺。另外，国外的关键设备和仪器购置无法有效提升中国制造业企业的创新活动。一个可能的原因是大多数的中国企业只想通过扩大进口设备和仪器来提高生产效率和大规模生产，而不是开发创新产品。另外，北京的外商独资企业已经达到一个更好的创新和竞争力，重点表现在整体能力的均衡发展。Albert等（2004）使用1991~1997年北京地区的88个大型和中型工业企业活动的数据，估计了三个方程,即 R&D 经费支出方程、生产函数和收益函数。他们的结论是,大部分科研开支用在了模仿创新上。研究结果表明,知识资本(研发开支)对生产力和利润具有强烈冲击,但各行业也有很大差异,随着时间的推移,对研发及生产力的收益都有所下降。

1.3 研究内容与研究框架

1.3.1 研究内容

本书在借鉴国内外研究成果的基础上,首先阐释了大企业辐射力的内涵,并指出大企业辐射力是大企业主导产业创新网络的关键。其次构建产业创新网络中的大企业知识溢出框架模型,分析大企业辐射力对大企业向中小企业知识溢出的影响机理。在大企业主导型产业创新网络中,大企业辐射力对大企业向中小企业知识溢出既存在直接影响,又存在间接影响。为了有效地测度大企业辐射力、知识溢出等构念,考察各构念间的因果关系,本书开发了大企业知识溢出量表。借助量表,本书运用 PLS-SEM 对框架模型进行了实证分析,并运用 PLS 模型对大企业辐射力的直接作用进行了深入探析。

本书主要内容安排如下:

第 1 章为"绪论"。本章阐述了本书的研究背景、研究的重要意义,围绕研究主要内容梳理并评价了国内外相关文献,介绍了本书的主要研究内容、研究方法以及论文的结构框架,并指出本书的主要创新点。

第 2 章为"产业创新网络中的大企业知识溢出模型构建"。首先,基于知识论的分析视角,揭示显性知识和隐性知识的本质,分析知识的产生和流动过程、创新网络形成的原因以及知识溢出的途径。其次，界定了大企业主导型产业创新网络和大企业辐射力的内涵，并指出大企业辐射力是大企业主导创新网络的关键。最后，阐述了在大企业主导型产业创新网络中，大企业辐射力对向中小企业知识溢出的影响机理，即大企业辐射力对大企业向中小企业知识溢出存在直接作用和间接作用。其中，大企业辐射力的直接作用通过R&D合作、人才流动和企业家创业实现三条途径实现；间接作用通过吸收能力、关系质量和知识转移三个中介因素完成。

第3章为"产业创新网络中的大企业知识溢出量表开发"。为了对框架模型中的构念进行有效测度，本章开发了产业创新网络中的大企业知识溢出量表，其中包括三个量表，即知识溢出量表、大企业辐射力量表以及知识溢出中介因素量表。量表开发经历了五个阶段：前导研究、预试量表编写、预试量表施测、预试量表检测和正式量表施测。本章完成前四阶段的工作，正式量表施测在第4章进行。前导研究包括深度访谈和文本分析，为量表建立提供现实依据。预试量表编写包括题库建立、专家评价和题项包含性确认三个步骤。预试量表检测主要包括项目分析和探索性因子分析两部分。知识溢出量表和大企业辐射力量表为单维量表，仅需要进行项目分析；知识溢出中介因素量表为多维量表，需要进行项目分析和探索性因子分析。

第4章为"产业创新网络中的大企业知识溢出实证分析"。本章首先选择了辽宁省多个产业创新网络中的200家企业进行正式量表的施测。在获得样本数据后，通过描述统计分析确认了数据的有效性，并推断样本数据可能不服从正态分布。其次选择了PLS-SEM方法和PLS方法，对框架模型进行实证分析后，又对大企业辐射力的直接作用进行了深入的分析。最后经过严格的模型检验，获得了有效的模型估计结果，并对实证结果做出解释。

第5章为"产业创新网络中的国有企业知识溢出实证分析"。

第6章为"结论与展望"。总结本书的结论和主要观点，并对本书研究过程中未能解决的问题以及今后需要进一步研究的问题进行说明。

1.3.2 研究框架

本书研究框架如图1-1所示。

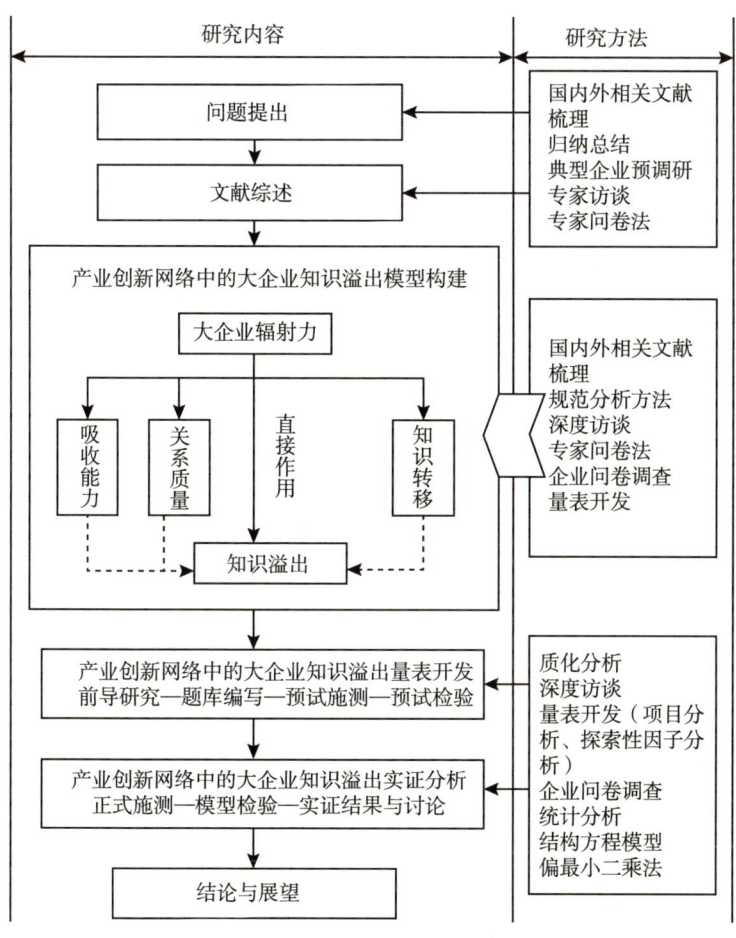

图1-1 研究框架

1.4 研究方法与创新点

1.4.1 研究方法

产业创新网络中的大企业知识溢出涉及大企业辐射力、知识溢出、企业间联系等诸多方面的复杂关系,在分析过程中,本书将坚持规范研究与实证研究相结合、定性研究与定量研究相结合的原则,综合采用多种方法进行深入分析和研究:

首先,规范分析的方法。本书采用规范分析的方法,对国内外学者关于知识溢出、创新网络、大企业技术创新等方面的研究进行比较全面、详细的检索,并在查阅了有关知识论、技术创新理论、社会网络理论、演化经济学、组织能力理论等相关领域的文献基础上,形成了本书的研究框架。

其次,量表开发。为了测度大企业辐射力、知识溢出、吸收能力、关系质量和知识转移等构念,本书在深度访谈和前人研究的基础上,开创性地开发了产业创新网络中的大企业知识溢出量表,其中包括知识溢出量表、大企业辐射力量表和知识溢出中介因素量表(中介因素量表包括,吸收能力、关系质量和知识转移三个子量表)。量表开发程序科学、合理,共经历了五个阶段,前导研究、预试量表编写、预试量表施测、预试量表检测以及正式量表施测。

再次,偏最小二乘结构方程模型(PLS-SEM)。本书属于探索性研究,样本数据量较小,且样本数据可能不服从正态分布,因此,本书选择了有"第二代路径分析模型"之称的 PLS-SEM 模型。本书运用 PLS-SEM 模型分析了大企业辐射力、知识溢出和知识溢出中介因素等构念之间的因果关系,为框架模型提供了实证支持。

最后，偏最小二乘法（PLS）。为了深入分析大企业辐射力对知识溢出的直接作用，本书选择了偏最小二乘法，构建以大企业辐射力 5 个观测变量为解释变量，以知识溢出 4 个观测变量为被解释变量的多元回归模型。模型分析了 5 个解释变量对 4 个被解释变量的不同影响效果，进而阐述了在辽宁产业创新网络中大企业辐射力不同方面对不同类型的知识溢出的影响差异。

1.4.2 创新点

本书在如下方面进行了积极的探索和尝试性的创新：

第一，本书在梳理国内外相关研究的基础上，阐释了大企业辐射力的内涵，认为大企业依托其拥有的有形资本、无形资本和关系资本，在产业创新网络中形成了主导产业创新网络发展的大企业辐射力。

第二，本书构建了产业创新网络中大企业知识溢出模型，从直接作用和间接作用两方面，揭示了在产业创新网络中，大企业辐射力影响大企业向中小企业的知识溢出的机理。

第三，为了科学、有效地测度大企业辐射力、知识溢出及其中介因素等构念，本书开发产业创新网络中的大企业知识溢出量表，为后续创新网络与知识溢出的相关研究提供有效的测度工具。

第 2 章　产业创新网络中的大企业知识溢出模型构建

2.1　产业创新网络与知识溢出的内涵

2.1.1　知识、知识论与金岳霖的知识论

在西方哲学史上，自古希腊时期开始哲学家们就开始探索"知识是什么"这一问题。关于知识最早、最有影响力的定义出自柏拉图《泰阿泰德篇》的三元定义，即知识是一种确证了的、真实的信念（罗素，1963）。知识由真、信念与验证三个要素组成，个体甲具备 P 知识的充分必要条件为：①P 为真（真实性条件）；②个体甲相信 P 为真（信念条件）；③对个体甲关于 P 为真的信念必须得以验证（验证条件）（野中郁次郎、竹内光隆，2006）。西方哲学史存在两大知识论学派，欧洲大陆的唯理主义学派和英国经验主义学派，二者在关于知识的本质、知识的起源、知识的可靠性等问题方面存在尖锐的分歧。唯理主义认为，知识来自理性本身，理性是知识的唯一源泉，知识不是感觉经验的产物；经验主义则认为，不存在先验知识，经

验是知识的唯一源泉，其忽视或否认理想的作用。

近代经验论奠基人弗兰西斯·培根认为，全部解释自然的工作是从感官开端，是从感官的认识经由一条径直的、有规则的和防护好的途径，以达到理解力的认知，也即达到真正的概念和原理（培根，1984）。而唯理主义的奠基人勒内·笛卡尔却运用"怀疑方法"提出真的知识只能直接或间接来自我们的"纯粹理智"。他认为"我思"是不可怀疑的，并以此去推出我的"存在"也不可怀疑，真的知识只能从"思考我"现实存在中推导而知（野中郁次郎、竹内光隆，2006；刘培育，2004）。笛卡尔的唯理主义受到了经验主义学者约翰·洛克的批评，洛克认为一切知识都在经验里扎着根基，知识归根结底由经验而来（洛克，2011）。

经验主义哲学在西方近代从培根开始，经过洛克等的发展，到了乔治·贝克莱和大卫·休谟时被推到了顶峰，走向了只承认感觉和印象，不承认抽象的观念（刘培育，2004）。休谟（1980）认为一切盖然的推理无非是感觉作用的一种，抽象概念本身就是特殊的，无论它们表象作用上变得如何一般。唯理主义哲学在西方近代从笛卡尔开始，经过斯宾诺莎等的发展，被莱布尼茨推到了顶峰。莱布尼茨认为，物质、物体都是不存在的，它们不过是现象而已，这些现象应服从一定的规律（罗素，2004）。继唯理主义与经验主义两大学派相互批判之后，在两大学派之间寻找中间道路的实用主义原则由查理·皮尔士提出。经威廉·詹姆士阐释使实用主义成了一种有影响的哲学（罗素，2004）。詹姆士（2006）认为如果一种想法是可行的，它就是正确的。进入20世纪，实用主义由约翰·杜威的理论继承发展。杜威认为知识是一种行动工具，知识的标准既不在于主观的理性形式，也不在于客观的感觉经验，而在于产生令人满意的行为结果，即除非将理念付诸行动，否则这些理念根本没有任何价值（罗素，1963）。

与西方哲学相比，中国哲学对逻辑和知识论问题不太关注，缺乏鲜明和较自觉的逻辑及认识论意识（刘培育，2004）。金岳霖所著的《知识论》是中国哲学研究领域系统化、体系化研究知识论的首部专注，其承接了西方哲

第2章 产业创新网络中的大企业知识溢出模型构建

学的经典思想，又富有中国哲学色彩，对知识论的发展具有重要意义。金岳霖的知识论系统地继承和发展了实在主义，其肯定外物的实在性，但对归纳原则的议论却是实在论者无法接受的（刘培育，2004）。

金岳霖讨论的知识不是大全的形而上的知识，而是一个形而下的知识。他的知识论是从常识中的知识立论的，金岳霖认为常识的任何部分都是可以批评的，一大部分也许是可以放弃的，但任何学问的出发点或基本概念都直接或间接依赖于常识（金岳霖，2010）。金岳霖知识论出发点的"有外物"、"有正觉"命题借助于常识。人的"觉"可分为"官觉"、"梦觉"和"幻觉"三类，其中，"官觉"可细分为"正觉"、"错觉"和"野觉"。"正觉"是指正常的官能者在官能活动中正常的官能成为外物或外物的一部分（金岳霖，2010）。"所与"是客观的呈现，知识的材料。所与具有双重地位，既是内容——客观的呈现，也是对象——外物或外物的一部分。所与的内容既有普遍的，也有特殊的。特殊的所与源于不同官能者的特殊性。"正觉"和"所与"是感性认知，仅是知识的材料还不是知识，只有通过理性认知的"抽象"和"思议"而得到的意念、概念或概念结构才是知识的基础形式。"抽象"是指从具体的东西中得到"抽象的"东西的一种认知活动，是获得"知识"的手段。只有官能而无抽象能力，不但共同知识不可能，即亲知也不可能，官觉者总要能超出他一时一地的、官觉的所得，不扭于特殊的与具体的，他才能有知识（金岳霖，2010）。"意念"具有摹状和规律功能。摹状是把所与之所呈现，符合化地安排于意念图案中，使此所呈现的得以保存或传达（金岳霖，2010）。摹状的功能主要是传达和保留所与，直接经验的保存需要观念摹状，对于他人的经验的获得需要通过观念摹状的传达。规律的功能以意念去安排、去等候新的所与。认知是独立于某种文字的，但它不能独立于"所有的"语言文字。思议分为动态历程和静态历程，在动态历程中，认知是通过语言文字进行的；在静态历程中，要靠语言文字表达认知的结果。金岳霖根据有效性原则，从"有外物"、"有正觉"出发，坚持感性认识和理性认识统一，认为经验是知识的材料，同时抽象和思议是知识的基础（方海珍，2005）。

2.1.2 知识类型、知识生产与创新网络形成

随着对知识内涵认识的不断加深，经济学、哲学等不同领域的学者们从不同角度将知识划分为不同类型，目前，普遍接受的是波兰尼（2000）关于显性知识和隐性知识的区分。显性知识是以书面文字、图表和数学公式加以表述的，能够被人类以一定符码系统加以完整表述的知识[①]；与显性知识相对，隐性知识是指直觉的、难以言述、难以编码化的知识（波兰尼，2000）。隐性知识是存在于人类思想和身体中的综合认知，是个人化的才能，其传播需要知识持有者清晰的表述（波兰尼，2000）。野中郁次郎等进一步将企业知识划分为隐性知识和显性知识，并将隐性知识定义为"与特定情境相关的个人知识，它难以进行形式化、难以进行交流"（野中郁次郎、竹内广隆，2006）。野中郁次郎等将波兰尼的思想延伸到相对实用的层面，他们将隐性知识分为认知层面和技术层面，认知层面体现在心智模式上，它是指人类内心通过构造和运用类比来创造世界的运作模式[②]；技术层面包括秘诀、手艺和技能（野中郁次郎、竹内广隆，2006）。Castillo则将隐性知识细分为四个纬度，非书面化知识、社会文化知识、语境知识和个人的睿智（Castillo，2002）。显性知识被高度编码，而隐性知识缺乏相对详尽的编码，隐性知识的交流和共享需要知识持有者"模拟"隐性知识产生的特定情境。显性知识可以在个人、公司、国家层面传播；隐性知识仅能在个人层面传播（Fallah and Ibrahim；2004）。因此，与显性知识相比，隐性知识具有黏滞性（Von Hippel，1998）、不容易转移。

所有健全的组织机构都能产生并利用知识，组织机构在其所在环境中获得外物的所与，并将其转化为知识（达文波特、普鲁萨克，1999）。知识生

---

① 最典型的符码系统是语言，也包括数学公式、图表、盲文等诸种符号形式。
② 心智模式可包括认知图式、范式、视角、信念和观点。

第2章 产业创新网络中的大企业知识溢出模型构建

产模式有两种，培根模式和斯密模式（雷家骕、程源、杨湘玉，2005）①。在培根模式中，知识生产以国家为主导投资研发，首先进行基础性研究，其次以此为基础进行应用研究；在斯密模式中，知识生产源于企业对超额利润的追求，企业会自发进行研发。培根模式是传统的牛顿式科学研究，大学或科研院所的研究人员利用政府基金的资助，R&D 活动独立于企业组织以及市场需求之外，并以单学科研究为主（Gibbons 等，1994；Dooley 和 Kirk，2007）。这种以研究人员好奇心驱动的培根模式体现了研究人员不受经济利益干扰的自由学术精神。研究人员在其好奇心的驱动下，通过官能活动官能他所感兴趣外物的所与。在进行大量 R&D 活动后，研究人员排除了错觉和野觉得到了外物的所与，形成正觉。正觉虽不能用语言、文字、图表、公式加以表述，但却能通过演示证明其存在，因此，正觉是隐性知识。正觉仅是针对某一特殊情形的正确观点，研究人员在此基础上仍需要大量的 R&D 活动将感性认识的正觉抽象和思议为理性认识的意念。意念具有摹状和规律功能，并能用语言进行描述，因此，可以宽泛地认为意念是显性知识。大学和科研院所的两大主要任务是科学研究以及教育，所发现的研究成果属于公共用品，因此，研究人员将能够表述的显性知识作为研发的目标。

最初知识生产仅是大学所关注的对象，但随着知识的资本化，知识在经济发达地区成为竞争力的主要来源，知识产生受到了企业界的重视，斯密模式出现。尽管斯密模式没有完全取代培根模式，但斯密模式使得知识的产生和传播发生了根本性变化。斯密模式是企业根据市场现实需求或潜在需求，利用交叉学科研究方法，更加注重 R&D 活动的绩效和经济回报。在斯密模式中，企业通过客户与企业间的反馈链，官能市场需求或技术发展趋势获得官觉，本书将此官觉命名为官能甲。企业为了满足市场需求、顺应技术发展趋势，需要采用多种不同知识来源以实现知识生产。企业可能与供应商、同行、客户以及高校或科研院所进行合作，通过跨学科方法为知识生产提供保

---

① Gibbons 等人将知识生产模式分为模式 1 和模式 2，与培根模式和斯密模式相对应。

障。企业及其合作伙伴通过大量的 R&D 活动探寻与官能甲相配外物的所与，在排除了错觉和野觉之后，企业及其合作伙伴获得正觉，即隐性知识。此时，企业有两种选择：选择一将隐性知识应用于新产品或新服务；选择二将隐性知识升华为显性知识。企业若选择前者，可运用隐性知识将新技术商业化，即获得了与官觉甲相匹配的新产品或新服务。如果官觉甲是市场需求或技术发展趋势的所与，即官觉甲为正觉，企业将获得丰厚的超额利润。如果官觉甲并非是市场需求或技术发展趋势的所与，即官觉甲为错觉或野觉，则企业将不能收回 R&D 投入。企业若选择后者，继续实施大量 R&D 活动和实践，运用抽象和思议将正觉转化为意念，即隐性知识转化为显性知识乙。企业可以将显性知识进行商业化，其结果与隐性知识商业化的结果相似。但无论显性知识乙商业化是否成功，显性知识乙都增加了企业的知识存量，为企业进一步的创新提供知识基础。

　　创新的本质就是知识的产生。随着经济的网络化、全球化发展，信息的产生和学习的交互作用过程对系统性创新越发重要，这种交互作用包含三个维度：即用户和供应商之间、R&D、生产和销售之间、实体产品、软件和服务之间（Imai 和 Baba，1989）。随着技术生命周期和创新成果转化周期不断缩短，技术复杂化和融合化的趋势增强，创新由早先单一的、线性的模式逐渐向复杂化、网络化的模式演变（王伟光、冯荣凯、尹博，2011）。产业创新网络已成为企业扩大知识存量、提升吸收能力的手段和方式（Rounde 和 Hussler，2005）。企业可以在产业创新网络中获得外部技术机会、降低研发周期，进而弥补了单个企业技术创新能力不足、无法承担创新风险等不足（Klevorick 等，1995；Freeman，1991；王伟光、冯荣凯、尹博，2011）。在斯密模式中，创新是一个相互作用的学习过程，为了获得互补知识，企业越来越依赖与不同类型的合作伙伴的互动①。企业在其互补性资产和市场关系中，有选择地与更合适的合作伙伴结成明确的关系，即形成产业创新网络

---

① 这些合作伙伴包括供应商、同行、客户以及高校或科研院所。

(Camagni, 1990)。产业创新网络的主要目的在于降低静态和动态的不确定性,完成企业与其合作伙伴的共同目标。产业创新网络是为了满足系统性创新而出现的一种基本制度性安排,可视为市场和组织交互渗透的一种形式(Imai 和 Baba, 1989)。产业创新网络成员的选择并非随机性的,而是由网络创始者的组织关系和私人关系连接而成。产业创新网络形成的常见过程是,企业 A 的企业主邀请两个朋友——企业 B 和企业 C 的企业主——为某一目标共同结成产业创新网络。企业 A、企业 B、企业 C 拥有各自知识体系,且三者间存在互补优势。三者在网络中将各自的显性知识及隐性知识进行交换、相互学习和合作,为实现新知识生产提供必要的知识基础。产业创新网络本身并不总是成功,或总是失败,但无论成功还是失败都会威胁到网络的存在。新目标的发现会延伸网络的生命周期(奇达夫、蔡文彬,2007)。

本书主要研究大企业主导型产业创新网络,其内涵是具有异质性的网络利益相关者,在共同创新目标导向下,从已有的社会关系、组织关系或偶得关系中,发展演化形成的以企业构成的"中心—外围型"集中化网络,其结构安排是多重、多层次嵌套网络关系,治理的形式是中心对外围关系一定程度的控制和协调,网络持续性表现为时间维度上关系的动态演化和非均衡过程(尹博,2012)。其中,大企业是创新网络中的焦点企业,主导网络的创新方向,引领创新网络的发展。

2.1.3 知识流动:知识转移与知识溢出

与资本品不同,知识不需要重复生产,知识的重复生产没有意义(夏先良,2000)。无论培根模式或斯密模式,大量 R&D 活动是知识生产的必要条件,因而需要高额的 R&D 投入。与需要大量人力、财力的知识生产相比,知识流动相对更简单。显性知识具有摹状和规律功能,使其可以简单且低成本地流动。隐性知识虽然难以言述,较显性知识难以流动,却比知识生产更容易。知识流动包括两方面,知识转移和知识溢出①。知识转移和知识溢出经常交叉使用,且都强调知识从最初持有者向接收者的流动,有的学者将知识转移视为知识溢出的一种类型。按此种观点,知识溢出可分为两类,内生溢出和外生溢出。内生溢出指创造或拥有知识的企业有意识并有选择的溢出;外生溢出指创造或拥有知识的企业无法控制的、不可避免的溢出(郑登攀、党兴华,2008)。按照此分类的定义,内生溢出就是知识转移。但有的学者根据知识持有者的意愿明确区分知识转移和知识溢出的不同,知识转移是指在知识持有者有意识的情况下进行的知识流动;知识溢出是指在知识持有者无意识的情况下进行的知识流动(Fallah 和 Ibrahim,2004)。为了更方便地分析无意识的知识交流,以及有意识的知识交流对无意识交流的影响,本书采用 Fallah 和 Ibrahim(2004)的分类方法,将知识溢出和知识转移视为两类不同的知识交流现象。组织或个人间的每次互动都可能发生知识交流,如果知识交流是知识持有者(组织或个人)有意识的行为,则是知识转移;如果知识交流是知识持有者(组织或个人)无意识的行为,则是知识溢出(Fallah 和 Ibrahim,2004)。

知识在何种程度上是有意识或无意识的企业间交流,依赖于知识能够编码的程度。那些能够被转换成为明确的、可描述的事实或信息,例如专利许可,称之为可编码知识。可编码知识一般受到某种程度的保护,一个典型的保护机制是申请专利活动。专利授予研发企业在短时期内享有所创造知识的专用权,至少在理论上成立(Kaiser,2002)。有的学者将企业知识创造的非专用的知识称为"知识溢出",知识溢出产生的原因是创新企业内知识产生的保护机制的失败(Grilliches,1992)。

在培根模式中,大学或科研院所从事以显性知识为目标的知识生产。大学或科研院所的研究人员将其获得的显性知识绝大部分以出版物的形式提供给全社会,一小部分则申请专利。企业或个人既可通过研究成果的出版物得

---

① 知识溢出既可发生在组织间,又可发生在组织内,本文仅研究发生在组织间的知识溢出。

第2章 产业创新网络中的大企业知识溢出模型构建

到所需的知识，也可通过许可证的形式或组建新创企业的形式等获得大学或科研院所的研究人员的研究成果，实现知识流动（冯荣凯，2009）。若大学或科研院所的研究人员获得显性知识丙，企业或个人不需要官觉外物的所与、抽象与思议，在研究人员无意识的情况下却可以通过语言或文字等知识编码方式直接或间接获得显性知识丙。企业或个人较容易地获得显性知识丙，但不给予知识创造者补偿，或给予补偿小于显性知识丙的价值（Caniels, 2000；赵勇、白秀勇，2009）。此时，显性知识丙的社会回报率明显高于知识创造者的私人社会回报率，培根模式中的知识溢出现象由此产生。若大学或科研院所的研究人员通过专利授权或技术入股等方式有意识地将知识丙转移给企业或个人，企业或个人较容易地获得显性知识丙，并给予知识创造者相应的补偿，培根模式中的知识转移现象由此产生。

知识转移既可以帮助知识持有者获得重要的互补性资源，又可以帮助企业与其合作伙伴通过知识共享获得单个企业无法产生的新知识（Mowery 等, 1996；Fleming 和 Sorenson, 2001）。在斯密模式中，两种情况会发生知识转移现象。情况一，企业 D 和企业 E 为同一产业链上上、下游企业，企业 D 为企业 E 提供零部件的配套生产。若企业 D 与企业 E 合作研发新产品，为了研发成功两企业将交换各自持有的知识，形成知识转移。在知识转移过程中，两企业获得互补性资源。情况二，企业 F 与企业 G 擅长生产同类产品。企业创造和采用的知识的能力取决于企业现有的知识存量（多普菲, 2004）。企业 F 和企业 G 各自知识存量都无法创造新知识丁。若两企业合作研发，重新配置现有知识、共享各自的知识，实现知识转移，则两企业知识存量增加，能够创造新知识丁。转移的知识既可能是显性知识，也可能是隐性知识。与隐性知识相比，显性知识更容易转移。若企业 H 拥有隐性知识戊，为了实现合作的共同目标，企业 H 愿意将隐性知识戊溢出给企业 I。企业 H 积极地呈现隐性知识戊成立的特定情境，为企业 I 顺利的学习提供便利条件。尽管知识持有者有助于隐性知识转移，但隐性知识的非编码化使知识接收者的转移成本更高。在产业创新网络中，知识转移现象经常发生源于合作伙伴共同目标实现的需要。知识转移也是产业创新网络在创新方面的优势所在。网络中的知识转移是双向的、共赢的，企业 J 的知识转移到企业 K 时，企业 J 的知识也可能溢出给企业 K，知识的交流为网络的共同目标的实现提供知识基础。

知识是一种非竞争性的公共物品，但它具有部分排他性①（斯泰尔、维克托、内尔森，2006）。知识的部分排他性意味着 R&D 活动会带来知识溢出（格罗斯曼、赫尔普曼，2003）。知识溢出是指企业的研发活动对其他企业存在外部性（Arrow, 1962）。一种情况，如果其他企业或个人未经同意而使用某企业所创造或拥有的知识，该企业却无法有效地实施追索权；另一种情况，一个企业可以不通过市场交易付费获得其他企业创造的知识（格罗斯曼等、赫尔普曼，2003）。根据知识接收者不同，知识溢出可分为横向溢出和纵向溢出两种，如果知识的接收者相对知识的持有者在不同的商业领域，则称为产业间溢出或纵向溢出。与产业间溢出相对应的是产业内溢出或横向溢出，即知识持有者和接收者在同一个产业领域。在斯密模式中，企业为保持竞争优势可能将其拥有的部分知识视为商业机密，防止其他企业或个人学习和使用。在产业创新网络中，某企业与其合作伙伴合作研发，获得新知识，知识的创造者和持有者可能选择保密知识以获得独占知识所带来的超额利润，但这些知识创造者和持有者对知识的保密仅能降低知识的扩散速率，却无法阻止知识的溢出。知识可通过知识人才流动、研发合作、企业家创业、贸易投资四种途径溢出（赵勇、白永秀，2009）。溢出的知识既可能是显性知识，也可能是隐性知识。显性知识的溢出源于其摹状和规律的功能；隐性知识的溢出源于模拟隐性知识特定情境。显性知识易于流动、不受地域限制，溢出的难度和成本都较低，但其包含导致创新的元素也较低。隐性知识仅是尚未抽象和思议的正觉，具有黏滞性（Von Hippel, 1998），无法通过编码的方式传播，仅在重现特定情形时才能实现流动。相对于隐性知识转

---

① 非竞争性表现在，其他人使用某种知识并不会影响到知识原有的使用者；排他性表现在知识可以被保密。

移,隐性知识溢出更难实现。因此,隐性知识受地域限制,溢出的难度和成本较高,但知识复制后获得收益可能较大。

本书采用 Fallah 和 Ibrahim(2004)的分类方法,将知识溢出和知识转移视为知识流动的两个方面,知识溢出为知识持有者无意识的知识交流;知识转移为知识持有者有意识的知识交流。在大企业主导型产业创新网络中,知识溢出和知识转移具有双向性,既存在主导大企业对其他中小企业的知识溢出和知识转移,也存在中小企业对主导大企业的知识溢出和知识转移。本书主要研究产业创新网络中主导大企业无意识地对中小企业知识流动,因此,本书仅分析主导大企业对网络中的中小企业单向知识溢出,而不考虑中小企业对大企业的知识溢出。

2.2　产业创新网络中的大企业知识溢出框架模型

2.2.1　大企业主导型产业创新网络与大企业辐射力

在知识经济时代,创新成为驱动产业、区域、国家经济发展的重要力量,其重要程度远远超过了土地、劳动和任何的有形资本。知识学习和生产的高效管理对企业的长期发展至关重要。产业创新网络作为应对系统性创新的一种制度安排(Imai 和 Baba,1989),不仅能够促进知识的流动和产生,还能够为网络中的企业提供多样性的知识以及系统性的资源。企业在产业创新网络中不仅获得网络内的共享资源(如设备、技术等资源),还能够获得依托网络所产生的新资源,这其中包括网络管理结构、网络成员的信任机制、共同的战略目标以及良好的网络声誉(Musiolik 等,2011)。这些依托网络所产生的新资源能够扩大网络共享资源量、提高信息扩散速度、提升组织间交流合作的效率。同时,网络成员的异质性让企业拥有了学习广泛知识的机会,产业创新网络已成为企业扩大知识存量、提升吸收能力的手段和方式(Rounde 和 Hussler,2005;Beckman 和 Haunschild,2002)。

许多学者认为创新网络内企业间的关系是独立、平等的,但有研究表明,企业在产业创新网络形成和发展过程中会逐渐获得某种特殊权利,影响或协调其他网络成员的行为,进而影响网络发展(Hardy 和 Philips,1998)。每个企业依托自身的有形资本和无形资本在产业创新网络中获得关系资本,企业因其拥有的有形资本、无形资本和关系资本获得影响或协调网络发展的能力,本书称之为辐射力。每个企业都具有辐射力,但因企业禀赋不同,企业辐射力强度存在差异。

在众多类型的产业创新网络中,以大企业为中心,具有中心—外围型网络结构的大企业主导型产业创新网络在社会经济中广泛存在(例如,丰田的纵向一体化创新网络)。这种类型创新网络是由异质性的网络利益相关者构成的多重、多层次嵌套网络关系的总和,其典型特征是网络关系结构背后的网络权利不对等。大企业在规模、资源、品牌、市场等有形资本和无形资本方面具有竞争优势,通过有形资本和无形资本积累使其拥有了大量的知识存量,大企业在厂房、设备等实物资本上的投资为大企业的管理者和技术人才提供了提高组织能力、学习新技术的机会(钱德勒,2004)。这些竞争优势通常会使大企业形成某种权威。大企业依托这种权威发起一个创新网络或进入一个创新网络时代,必然获得超越中小企业的更多的网络交流、合作的机会,拥有更多、更重要的关系资本,这些关系资本以及大企业自身的权威,使其占据了创新网络的关系结构的中心、焦点位置。网络中分散的规则使大企业依托所拥有的关系资本和权威对网络中的合作享有更大决定权,不仅能够影响大企业自身合作的相关安排,还能够影响网络其他成员间的合作安排。本书将大企业依托资源、品牌、市场等竞争优势形成的权威和依托权威所拥有的关系资本相结合所形成的对创新网络发展的影响力,称为大企业辐射力,其是大企业规模生产能力、技术能力、

第 2 章 产业创新网络中的大企业知识溢出模型构建

创新能力、关系资本以及企业开放性等方面的综合体现。在大企业主导型产业创新网络中，大企业辐射力的影响强于其他企业的辐射力，是大企业能够主导或影响产业创新网络发展的关键。大企业辐射力影响或主导创新网络发展的途径具体表现为两个方面：其一，大企业依托权威和掌控的关系资本影响网络合作关系的演化。大企业不仅能够影响自身参与的网络合作关系，并在合作关系中享有更大的决定权，还能够影响网络其他成员间的合作。大企业辐射力的作用结果通常有助于形成以大企业为中心的更加紧密的中心—外围型产业创新网络，并形成网络层面的新开发资源，如网络信任机制、资源共享、风险共担、共同的战略目标以及网络品牌、声誉效应等。其二，大企业依托所掌控的关系资本承担着知识扩散中心的作用。产业创新网络是应对系统性创新的一种制度安排，这种制度安排建立在创新资源聚集和配置的基础之上。创新资源的聚集通过会聚具有异质性的网络成员，配置途径建立在以网络分散的规则和交流、合作的关系基础上，配置资源本质是通过网络关系促进知识流动与创造。而占据网络关系中心、焦点位置的大企业，对产业创新网络交流与合作关系享有更大决定权和影响力。这使得大企业深入网络中的各种交流与合作关系，即深入地参与到网络各种形式的知识流动和创造之中，这其中大部分是大企业主动参与并有意识地促进知识转移与创造，但也不乏大企业在合作中无意识的、被动的知识溢出，尤其是建立在组织间深层次合作与交流基础上隐性知识溢出。因此，本书认为大企业所掌控的关系资本，使之主动或被动地承担了产业创新网络的知识或技术的扩散中心功能。综上所述，大企业通过辐射力深入影响网络中的各种交流与合作，以及内嵌于网络关系中的知识溢出。大企业辐射力是大企业主导产业创新网络发展的关键。

知识溢出是指知识持有者无意识的知识交流，其通常能够使知识接收者获得知识持有者不愿溢出的重要、关键的隐性知识，这些隐性知识对知识接收者的创新活动具有重要的意义和价值。本书以产业创新网络中的大企业知识溢出为研究对象，主要探讨大企业如何通过大企业辐射力影响产业创新网络中的知识溢出。本书认为大企业辐射力对产业创新网络内大企业单向知识溢出的影响主要包含直接作用和间接作用两个方面。直接作用主要强调大企业依托有形资本、无形资本和关系资本形成辐射力直接影响网络中的大企业单向知识溢出。间接作用主要强调大企业依托有形资本、无形资本和关系资本形成的辐射力对产业创新网络中的中小企业相对吸收能力、网络合作关系质量、网络知识转移具有直接的影响作用,而三个要素都对产业创新网络中的大企业单向知识溢出具有积极影响。因此,本书认为大企业辐射力通过影响中小企业相对吸收能力、合作关系质量、知识转移对创新网络的知识溢出具有间接作用。后文将分别阐述大企业辐射力对知识溢出的直接作用和间接作用,并构建大企业主导型产业创新网络的大企业知识溢出框架模型和研究假设。

2.2.2　大企业辐射力对知识溢出的直接作用

21世纪,创新成为世界经济发展的主要驱动力,创新从类型的数量上和创新质量上都实现了极大的提升,这使得技术发展面临更大的不确定性(Rosenberg,1996;转引自斯太尔等,2006)。技术创新的不可预见性大大增加了创新的成本,在资源、规模等方面都处于弱势的中小企业往往难以承担高额的R&D费用。在企业规模、市场、技术、品牌、资源等方面都具有绝对优势的大企业成为创新的主体或主要资助者。大量的研究证明,规模较大的企业更易于实现技术创新,并具有较高的创新活动的效率(Wakasugi和Koyata,1997);企业规模与创新强度之间呈现出正相关性(Archibugi、Evangelista和Simonetti,1995);并且R&D支出的大部分来自少数大企业(William和Baumol,2004)。在大企业主导型产业创新网络中,大企业通过有形资本积累和无形资本积累以及二者的交互作用形成竞争优势,并获得创新网络中更多、更关键的关系资本,进而形成大企业辐射力。一方面,大企业辐射力能够使大企业享有更大的网络中合作的决定权和影响力,广泛、深

第2章 产业创新网络中的大企业知识溢出模型构建

入地参与网络中的各种交流与合作；另一方面，大企业辐射力使得大企业被动地成为网络中的知识溢出和扩散中心。

MaCann和Simonen（2005）认为，具有地域性的产业集群或城市易于形成更多的紧密交流与合作的机会，有利于隐性知识的溢出。Fledman（1999）认为，知识溢出在一定程度上受地理范围的限制，但并不是说所有条件下的本地化都对创新很重要。由于显性知识通常具有较低的信息价值，且显性知识易于在个人、企业、国家等层面实现传播（Fallah和Ibrahim，2004）。因此，大企业辐射力对显性知识的溢出影响相对较小。隐性知识通常具有较高的信息价值，但难以用语言表达和编码化，且只能在个人层面上通过面对面的交流实现流动或溢出。因此，本书认为大企业辐射力对隐性知识的溢出的影响更显著。本书研究的大企业主导型产业创新网络的大企业辐射力对知识溢出的直接作用，主要是针对隐性知识的溢出。

在大企业主导型产业创新网络中，大企业辐射力对创新网络中的大企业单向知识溢出，尤其是隐性知识溢出的直接作用主要通过以下途径实现：

途径一，组织间正式的研发合作。在大企业主导型产业创新网络内部存在各种形式的创新交流与合作，其中组织间的正式的研发合作是最为重要的合作关系，例如，战略联盟、产学研合作等。产业创新网络中不同的组织由于自身的能力、日常活动以及发展战略的不同会形成不同的知识、资源的积累（Nelson和Winter，1982），因而，形成不同的创新能力。这种资源和能力的差异诱发创新网络组织间的创新合作，并推动知识、资源在组织间的流动，实现产业创新网络的资源配置功能。大企业通过辐射力对产业创新网络内部组织间正式研发合作的知识流动和溢出发挥着直接作用。大企业自身积极主动参与网络中各种类型的组织间研发合作。大企业积极参与各种类型的网络合作，通常要充分调动组织内部不同层面的技术、管理人员，并与合作伙伴进行各个层次人员之间的交流、合作；为了达到更好的合作研发效果，大企业以及合作伙伴通常要进行一定程度的知识转移和交换，以实现高效率、高质量的联合开发成果。这一过程中，各个高层面人员之间的面对面、深层次的交流合作有利于网络中的知识溢出,尤其是隐性知识的溢出。这种合作研发过程中溢出的隐性知识通常具有较高的附加价值,对知识接收方的技术创新具有重要的作用。大企业依托辐射力与网络中的其他合作伙伴交流、合作中,既享有对合作安排更大的决定权,同时,也被动地发挥着知识溢出和扩散的功能。但在产业创新网络中,知识溢出并不代表大企业一定会损失,相反,大企业在通过辐射力促进知识溢出的同时,也推动合作伙伴的技术水平的提升。合作伙伴既是知识接收者,同时又是创新网络中的一员,其技术水平的提升有利于提升创新网络整体成员的水平,也更易于产生更多的网络层面的新生资源,这些好处都会惠及处在同一创新网络之内的大企业。

途径二,网络内部的人才流动。人才流动是知识溢出的一种重要方式(Howells,2002)。任命新员工对企业来说是获取新知识尤其是隐性知识的重要途径。隐性知识是个人化的才能,其传播需要知识持有人清晰的表述,是存在于人类思想和身体中的综合认知(波兰尼,1966)。产业创新网络中的隐性知识流动或溢出主要包含两个方面,即网络内部成员间的人才流动和网络外成员向网络内部的流动。

网络内部的成员流动,主要是指大企业通过各种方式的人才流动直接促进隐性知识溢出。一般来说,大企业的有形资本和无形资本积累使其拥有了大量的知识存量,大企业在厂房、设备等实物资本上的投资通常能够为大企业的管理者和技术人才提供提高组织能力、学习新技术的机会(钱德勒,2004)。而隐性知识通常内隐于企业的技术和管理人员之内,因此,大企业内部人才的流动为隐性知识溢出创造了条件。大企业依托先进的生产技术、资源条件培育了大量的优秀人才。这些人才通常会通过两个途径促进隐性知识的溢出:一是大企业在与网络合作伙伴的交流、合作中,以人才借调或技术咨询服务的方式向中小企业临时性地输出人才,实现隐性知识的溢出。二是在市场自由竞争机制作用下,大企业内部人才的市场化流动。例如,内部员工不满大企业的员工待遇,而网络中其他中小企业为引进人才提供更加丰

第 2 章 产业创新网络中的大企业知识溢出模型构建

厚的薪酬待遇以吸引人才从大企业跳槽,也是人才流动促进大企业向中小企业溢出隐性知识的原因之一。

网络外部人才的流入。大企业依托其所拥有的竞争优势和关系资本形成大企业辐射力,大企业辐射力除了对网络内部成员具有影响力,同时也能够吸引来自网络外部的人才流入或合作伙伴加盟。引进人才和合作伙伴为产业创新网络带来新知识和新资源。网络内外部的人才流动、组织间的人才流动成为大企业向中小企业知识溢出和扩散的又一重要途径。但也有学者认为,知识溢出从创造知识的地方(例如企业、大学或科研机构等)转移到新成立的企业,有利于个体科学家的知识专用性的价值实现,但不利于那些首次创造新知识的组织(Audretsch 等,1999)。但从本书研究的产业创新网络整体看,网络整体创新能力的提升以及资源共享能够弥补大企业知识溢出的损失,可能有利于产业创新网络整体形成更好的网络层面的资源。

途径三,企业家创业。Agarwal 等(2010)研究发现,战略企业家精神与知识溢出之间存在关系。而本书研究的企业家创新企业是指大企业内部优秀人才,脱离原工作岗位,成立新创企业,成为大企业的外围配套企业,融入大型国有企业的配套协作体系中。这些新创企业与大企业、企业内部的人员以及其他企业家团体存在着重要的非正式关系,这些关系促使大企业和外围企业之间形成紧密的生产与创新合作,企业间知识资源流动频繁、人员交流紧密,有效地促进网络组织间的知识溢出,充分体现大企业的创新孵化器功能。大企业依托辐射力通过上述三个途径实现了对产业创新网络中的知识溢出,尤其是隐性知识溢出的促进作用。

在研究大企业主导型产业创新网络时,大型国有企业主导的产业创新网络占据了该类型创新网络的很大一部分。以国有大企业为中心的大企业主导型产业创新网络知识溢出与一般大企业主导的产业创新网络具有相同的作用途径。国有大企业较强的创新研发能力和组织能力是现代技术革命的主导力量。在基于劳动分工和知识分工的社会经济发展过程中,大型国有企业通过产业协作链条将先进的科学技术和管理方法传递给中小企业,并带动一大批企业技术和管理人员素质的提升（国家计委宏观经济研究院课题组，1996），承担着社会经济发展过程中的技术扩散中心或者"创新孵化器"的功能，它们培育大量的技术骨干和新的创业者，后者逐渐融入大企业的外围协作配套体系中。在这种大企业主导的产业群落中，与之配套的中小企业承担着思想的实践功能。很多中小企业缺乏必要的研发设施和能力，却具有灵活的生产体系和较强的工程化能力，可以将大企业的"设计思想"和图纸转化为现实产品，这一方面满足大企业的协作配套需求，另一方面随着"技术的成熟"和"市场的成熟"，中小企业的市场空间逐渐由本地延伸到外地。尽管很多学者认为中国的大企业尚未成为创新主体，不能发挥引领创新的主导作用（Yao，2006），但后赶超战略时代国有企业的定位（刘元春，2001），使大型国有企业承载着产业技术进步和技术扩散的重要使命。在大企业主导型产业创新网络中，大型国有企业成为创新网络的技术扩散中心，并发挥着创新孵化器的功能，其通过网络组织间正式的交流合作、网络内外部的人才流动以及企业家创业三种途径，促进网络组织间的知识溢出，在提升外围中小企业的生产、创新配套能力的同时，也提升了创新网络的整体创新能力。

因此，本书在国内外学者研究的基础上，提出大企业主导型产业创新网络中的大企业辐射力与知识溢出关系的研究假设：

H1：产业创新网络中的大企业辐射力促进大企业向中小企业的知识溢出。

2.2.3 大企业辐射力对知识溢出的间接作用

在大企业主导型产业创新网络中，大企业，尤其是大型国有企业，依托有形资本、无形资本和关系资本形成大企业辐射力，一方面，通过组织间正式合作、人才流动、企业家创业等途径促进创新网络内部的组织间的直接溢出；另一方面，大企业还依托大企业辐射力直接影响网络中小企业的相对吸收能力、合作关系质量、知识转移,并间接促进创新网络内部的知识溢出,提高知识溢出的效率和效果。

2.2.3.1 中介因素一:吸收能力

吸收能力的概念起源于熊彼特主义经济理论关于经济增长和企业创新的研究(高展军、李垣,2005),由 Cohen 和 Levinthal(1990)正式提出,并受到理论界广泛关注。Cohen 和 Levinthal(1990)认为,吸收能力是企业评估、消化外部新知识并使之商业化应用的能力。他们认为,吸收能力与研发投入密切相关,并受到企业先前知识基础和经验的影响,是先前研发活动的副产品。借鉴了 Cohen 和 Levinthal 思想后,许多学者从不同角度对吸收能力进行了定义。Mowery 和 Oxley(1995)认为,吸收能力涵盖了一系列广泛的技能,它包含了处理外部知识中的隐性成分,并使外部知识内化的相关技能(Zahra 和 Gorge,2002)。Kim(1998)认为,吸收能力包括用于模仿的学习能力和用于创新的解决问题的能力,其中,前者为了吸收外部知识,后者为了创造新知识。Zahra 和 Gorge(2002)整理前几位学者的观点,认为吸收能力是企业获取、吸收、转换和开发外部新知识的一系列组织惯例和过程,是一种知识创造和知识利用的动态能力,是获得和维持竞争优势的企业能力。吸收能力可分为潜在吸收能力和实现吸收能力两大类;知识获取、知识消化、知识转化和知识应用四个方面。潜在吸收能力是获取、吸收外部知识的能力,本质上是组织惯例体现;实现吸收能力是转换和利用知识的能力,编码和整理企业内、外部知识,能够发展和优化组织惯例(Zahra 和 Gorge,2002)。Lane 和 Lubatkin(1998)在 Cohen 和 Levinthal(1990)企业吸收能力的基础上,提出了相对吸收能力的概念。他们认为,"学生企业"的吸收能力源于"学生企业"和"老师企业"双方的知识存量、组织结构、补偿政策和支配逻辑。本书研究对象为大企业主导型产业创新网络中的大企业单向知识溢出,因此,在未进行特殊说明的情况下,后文中的吸收能力专指网络内的中小企业与占据主导地位的大企业相匹配的吸收能力,即相对吸收能力。

企业的吸收能力依赖员工的吸收能力（Cohen 和 Levinthal，1990）。员工的吸收能力受到个人先前知识基础的影响。先前知识基础包括基础技能、专业术语以及专业领业内先进的科技发展（Cohen 和 Levinthal，1990）。员工根据先前知识基础与相关新知识形成有助于理解的联系链条，促进员工学习具有相似或相关性新知识的能力，并帮助员工形成对某些问题的特定解决办法。员工知识存量越多，学习新知识的速度越快，学习能力越强。先前知识基础不仅能提高员工学习新知识的能力，增强员工的知识应用能力，而且影响员工知识学习的选择（Bower 和 Hilgard，1981；Lindsay 和 Norman，1977；Cohen 和 Levinthal，1990）。先前知识基础和学习的经验促进员工更容易学习具有相似或相关性的知识，形成知识学习的路径依赖；同时也可能导致员工放弃学习与自身技术轨道不同的新知识，使得员工错失学习更具市场潜力的新知识，形成员工知识的"学习壁垒"。例如，某项技术在发展之初可能产生两种不同的方向，并最终形成两种不同技术轨道——技术轨道甲和技术轨道乙。当某员工掌握技术轨道甲的相关知识，很可能排斥对技术轨道乙的相关知识，即使技术轨道乙的相关知识更具有市场潜力。

企业吸收能力也并非员工吸收能力的简单加总，是员工之间相互协调产生的、整体的、组织层面的吸收能力。企业吸收能力不仅是简单的企业与外界环境的直接交流，而且需要企业内每个员工之间知识流动。因此，企业吸收能力源于企业先前知识基础、企业与外界环境的交流以及企业内部员工间的交流。吸收能力的重要性不仅体现在新知识的接收方面，还体现在解决实际问题方面（Lane 和 Lubatkin，1998）。企业吸收能力包括两个方面，获得外部知识的能力和利用外部知识的能力（Cohen 和 Levinthal，1990；Zahra 和 Gorge，2002；Lane 和 Lubatkin，1998），即潜在吸收能力和实现吸收能力。企业潜在吸收能力受到企业先前知识基础和企业与外界环境交流的影响；企业实现吸收能力受到企业先前知识基础和企业内部员工间交流的影响。

外部知识对于企业的创新至关重要，尽管知识的专用性很低，这种免费

"搭便车"现象一定程度上降低了企业研发的积极性,但外部知识不会成为企业的免费商品(Leahy 和 Neary,2007)。吸收能力对于企业利用外部知识、培养创新能力至关重要。吸收能力对知识溢出具有积极影响,吸收能力较强的企业能更好地判断外部新知识的价值,更及时地获取外部新知识,更有效地利用获得的外部知识。相对吸收能力认为,知识重叠有助于知识接收者学习知识持有者的技术,企业间相似的知识存量有利于企业对外部知识的学习(Lane 和 Lubatkin,1998)。大企业依托竞争优势和关系资本形成大企业辐射力,并被动地成为创新网络中的知识溢出和扩散的中心。因此,在大企业的知识向中小企业流动时,中小企业与大企业知识重叠程度越高,中小企业吸收能力越强。大企业在与中小企业进行交流合作时,也促进其知识人才向中小企业流动。不同层面的知识与人才的流动及创造,一方面直接导致大企业向中小企业的知识溢出,另一方面为中小企业提供了优质的人力资本,提高了中小企业吸收能力。本书在国内外学者对吸收能力以及知识溢出的相关研究基础上,提出大企业主导型产业创新网络中的大企业辐射力对知识溢出间接作用的研究假设:

H2a:产业创新网络中的大企业辐射力对中小企业的吸收能力具有正向影响。

H2b:产业创新网络中的中小企业吸收能力促进大企业向中小企业的知识溢出。

2.2.3.2 中介因素二:关系质量

在大企业主导型产业创新网络中,大企业通过组织合作、人才流动以及企业家创业等方式直接促进网络内部的知识溢出,这一过程中会形成各种不同类型的组织间的合作关系或私人关系,这些关系的质量好坏严重影响着网络内的知识溢出。关系质量概念由 Hall 于 1977 年首次提出,用于表示组织间行为的一致、默契程度(陈学光,2007)。关系质量是一个包含信任、承诺、满意等方面的多维度的结构变量,通常会受到合作关系中所隐含的私人关系、组织关系、地理关系以及合作冲突管理等多方面的因素的影响。任何组织间的长期的合作关系都包含承诺这一重要的组成部分，其是组织双方关系建立和持久维系的一种意图的表示。满意是指合作双方在评价关系时产生的一种良好的积极的情感状态（Anderson 等，1984）。信任是对合作双方的关系行为的信心以及双方的诚实、可信赖程度。

关系质量中的承诺、信任以及满意都建立在合作关系这一载体之上，本书将深入分析合作关系所隐含的私人关系、组织关系、地理关系以及冲突管理等方面的因素如何影响关系质量，并重点挖掘产业创新网络中的大企业如何影响关系质量，进而实现通过关系质量间接影响并促进创新网络知识溢出的间接作用。

首先，私人关系对关系质量的影响。通常情况下，组织关系都是由私人关系发展演化而来，良好的私人关系能够为组织关系提供情感方面的信任和承诺，这种情感的信任和承诺有利于关系双方保持一种积极的态度建立并维系持久的关系，进而实现理想的关系效果。

其次，组织关系对关系质量的影响。不同形式的组织关系会对关系质量产生不同的影响，例如，在大企业主导型产业创新网络中，具有主导作用的大企业通常具有创新孵化器的功能，其所培育的大量的创新型人才，通常会有一部分独立于大企业创建新企业。这些新企业与大企业之间组织关系非同一般，具有私人、组织等各个层面的深入的联系，因此，这种特殊的组织关系对合作关系双方的信任和承诺具有一定的影响力。大企业依托大企业辐射力，吸附众多的创业企业以及中小企业围绕在其周围，这种中心—外围型的依附关系决定了合作关系质量较高的信任和满意水平。

再次，地理关系是指合作的组织间的地理位置的远近关系。Marjolein（2001）认为地理距离对知识溢出的强度具有重要影响。Marjolein（2011）认为知识溢出的强度依赖于两个地区之间的地理距离。Caragliu（2011）研究认为知识溢出具有空间上的相互依赖性。一般情况下认为，地理关系近的组织，它们通常会嵌入具有相同文化背景的社会网络关系、产业网络关系之

第2章 产业创新网络中的大企业知识溢出模型构建

中,一方面,破除组织关系建立中的社会、文化和沟通障碍,有助于提高合作关系的满意程度;另一方面,社会网络、产业网络的扩散和约束机制能够遏制组织间合作的机会主义背叛行为,提高合作关系的诚信度。Howells(2002)研究证实了知识溢出和转移过程与地理位置之间存在关系,尤其是对隐性知识的溢出和转移。在创新网络中,组织间的地理位置越近,越易于通过高频率、深层次的合作交流,促进具有"黏性"的隐性知识传播。另外,Mccann和Simonen(2005)研究发现,知识交换以及劳动力市场的地理特性在创新过程和知识溢出过程中也发挥着重要的作用。Audretsch等(2005)研究认为,在地理位置上紧密围绕大学而建立、形成的企业的数量与该地区的知识能力和大学的知识产出显著正相关。综上所述,地理因素对知识溢出具有重要影响,尤其是本地化的合作网络更易于组织间隐性知识的溢出。

最后,合作冲突管理。任何组织间的合作都会存在冲突问题,适当的冲突管理方法将促进组织间合作创新的效率和效果,相反,具有破坏性的冲突管理将会严重损害合作双方的利益(Kale、Singh和Perlmutter,2000)。冲突管理的效率和水平与合作双方的沟通、互信以及恪守承诺的程度密切相关(Lam和Chin,2005),良好的冲突管理是组织间合作关系质量的保障,更有利于组织间的知识流动和溢出。上述研究说明,私人关系、组织关系、地理关系以及冲突管理等因素都能够影响合作关系的质量,良好合作关系质量是优质、高效合作的保障,有利于创新网络中知识的溢出,促进网络资源的高效配置,实现知识的分工与互补。

在大企业主导型产业创新网络中,大企业通过大企业辐射力直接影响创新网络中的合作关系质量,并通过关系质量间接提升网络中的知识溢出效率和效果,促进创新网络整体绩效的提升。关系质量是合作双方态度积极与否的关系状况的描述,这种关系质量的好坏受到其所依附的载体合作关系的影响。大企业对关系质量的直接作用也是通过影响合作关系的要素或属性实现的,并通过关系质量的好坏来体现这一直接影响的作用效果。通常情况下,大企业对关系质量的影响也是通过合作关系的私人关系、组织关系、地理关系以及冲突管理等关系要素实现。这四个要素本身就是合作关系所具有的特殊属性，它们的组合共同展现了处于某种特定状态的合作关系。大企业依托大企业辐射力吸附众多配套中小企业围绕在其周围，形成大企业主导型产业创新网络，通常具有较强的本地化特征。网络组织间地理上较为邻近，关系互动较为频繁，组织间的人员交流、学习具有天然的地理优势，易于形成亲密的、信任的长期合作关系。加之，具有本地化特征的创新网络通常嵌入于地区或区域的社会、产业网络中，使得组织间又存在了不同层面的私人关系和组织关系，各种不同关系的重叠、嵌套加深了组织关系的信任，更易于形成较高的合作满意效果。Breschi 和 Francesco（2003）研究认为，通过专利引用数据所表征的知识流动的本地化程度与劳动力流动和网络关系的本地化程度显著相关，说明地理因素不是知识本地化形成的一个充分条件，它需要充分参与网络中的知识交换作为前提。

因此，创新网络与知识流动的本地化之间具有深层次的交互影响。通常大企业，尤其是大型国有企业在地区的社会经济发展中占有重要的地位，大企业在组织间的私人关系、组织关系的嵌套、交叉网络中具有重要的影响力，以直接建立组织关系或间接促进组织合作关系形成的方式，促进网络组织合作关系的形成。大企业在网络关系中的示范和带动效应也促进了组织合作关系的信任的建立，并有利于形成积极的合作承诺，获得满意的合作效果。但任何合作过程都会出现冲突和摩擦现象，信任和承诺对于网络持久关系的维系还是相去甚远，如何有效地维护关系是获得满意关系质量的关键。在大企业主导的产业创新网络中，处于网络关系中心的大企业本身对网络中的合作冲突具有一定的协调作用，加之，网络中组织间逐渐形成的合作冲突的处理方式或惯例，这些共同作用能够有效提升网络合作的质量。通过上述分析，本书认为大企业对产业创新网络中的合作关系质量具有重要的直接作用。大企业依托竞争优势和关系资本形成的辐射力能够积极促进网络中合作关系的质量提升，进而促进网络中的知识溢出。

第2章 产业创新网络中的大企业知识溢出模型构建

本书在国内外相关学者有关创新网络中的关系质量的研究基础上,提出本书大企业主导型产业创新网络中的大企业辐射力对知识溢出的间接影响的研究假设:

H3a:产业创新网络中的大企业辐射力对企业间的关系质量具有正向影响。

H3b:产业创新网络中的关系质量促进大企业向中小企业的知识溢出。

2.2.3.3 中介因素三:知识转移

知识是企业在外部不确定性环境下保持可持续竞争优势的企业能力的最基本构成要素,是构成企业核心竞争优势的最重要的资源。因此,知识转移被认为是企业间竞争的重要战略问题(Albino、Garavelli 和 Schiuma,1998),也是企业快速应对变化、创新并实现竞争优势的重要影响因素(Cohen 和 Levinthal,1990)。通过吸收新的知识和技术可以改进企业的创新能力和核心竞争力,能够有效地吸收所需的、合适的知识和技术与企业原有的知识基础密切相关(Teece,1997),而组织间的知识转移是吸收新知识和技术的有效途径。知识转移有多种方式和途径,不同的方式所产生的组织间的交互作用以及转移、吸收的知识的类型和效果也不尽相同。知识转移依赖于知识能够被转移、解释和吸收的容易程度,知识的内隐性、复杂性以及组织间的文化距离、组织距离等因素都会影响战略联盟合作伙伴之间的知识转移过程,企业层面的合作专门技术、学习能力以及联盟的持续时间等都会影响联盟知识转移的效果(Simonin,1999)。尽管知识的属性、组织关系以及组织能力等都会影响知识转移的效果,各种形式的知识转移还是为企业获取创新资源和实现可持续竞争优势创造了条件。但通常情况下,组织间的知识转移往往存在多种限制,当转移的知识内容涉及企业的核心竞争力或资源时,这类知识往往成为知识输出方限制转移的对象,即采用"不转移策略"(阮国祥、阮平南,2011)。因此,知识溢出成为企业获取"不易获取资源"的重要途径之一。知识转移的过程通常包括知识获取、交流沟通、学习应用、接受、内化为企业能力等几个部分（Albino、Garavelli 和 Schiuma，1998）。在创新网络的组织间存在大量的各种形式的创新合作，各种形式的知识转移也是组织间资源共享的重要途径之一。通过建立多种形式的组织间知识转移关系，可以增强合作双方的沟通、信任，在有意识地进行组织间知识交流的同时，促进组织间无意识的知识交流，即知识溢出（Fallah 和 Ibrahim，2004）。

本书认为，在大企业主导型产业创新网络中，网络组织间的各种形式的知识转移是知识溢出的重要途径之一。在知识转移活动中，组织间的沟通、学习、应用成为获取良好知识转移效果的必要途径，在这一过程中，企业可以获取合作对象非自愿、无意识转移的知识，而这些知识往往是接收方企业无法获得具有较高附加价值的知识，能够给接收方企业带来正外部效应。知识转移和知识溢出都是创新网络内部知识流动的方式，其中，知识转移也是促进知识溢出的重要途径之一。

在本书研究的大企业主导型产业创新网络中，处于网络中心位置的大企业依托其所拥有的网络关系资本、大企业竞争优势形成的大企业辐射力能够影响网络中组织间的合作关系以及知识转移。大企业对网络组织间合作以及知识转移的影响主要通过以下途径：

途径一，大企业自身作为知识转移的提供者。大企业尤其是大型国有企业依托大企业辐射力成为网络中最优质的合作对象，网络中的组织纷纷与大企业进行各种形式的交流、合作以及知识转移活动，在这些活动中逐渐形成的组织间的相互信任和满意的合作关系，在确保有意识的知识转移时，也增加了无意识的知识溢出。同时，大企业占据网络关系焦点的位置，并通过大企业辐射力深入创新网络各个层面的交流与合作中，这些关系能够有效地促进知识的转移和溢出；并且溢出和转移的知识可能会通过网络中各种直接的和间接的合作关系不断扩散、传播，促进网络整体创新能力的提高和创新绩效的提升。

途径二，大企业的示范与带动效应。在大企业主导型产业创新网络中，

第2章 产业创新网络中的大企业知识溢出模型构建

大企业与网络合作伙伴的不同层面的合作关系以及合作效果，必然影响网络其他组织成员之间的合作关系的建立。例如，大型国有企业与大学和科研机构建立合作关系时，通常会引发网络中具有相同知识、资源需求的企业向同一个大学或科研机构发出知识转移或合作申请。大企业网络合作关系行为的示范与带动效应将促进网络组织间的合作关系的变化，促进不同层次合作主体间的知识转移和溢出。因此，本书认为，在大企业主导型产业创新网络中，处于主导地位的大企业，尤其是大型国有企业通过主动建立知识转移合作关系以及大企业的示范与带动效应，促进网络中组织间的合作交流和各种形式的知识转移，促进知识的溢出。

本书在国内外学者有关创新网络、联盟中的知识转移和知识溢出的相关研究基础上，提出本书大企业主导型产业创新网络中的大企业知识溢出研究假设：

H4a：产业创新网络中的大企业辐射力对企业间的知识转移具有正向影响。

H4b：产业创新网络中的知识转移促进大企业向中小企业的知识溢出。

2.2.4 大企业辐射力与知识溢出框架模型

基于上述产业创新网络中的大企业能力对知识溢出的直接作用和间接作用分析，本书提出了大企业辐射力、吸收能力、关系质量、知识转移与知识溢出之间的关系假设，并构建了如图2-1所示的大企业主导型产业创新网络中的大企业辐射力与知识溢出框架模型。

本书基于知识产生、知识流动以及创新网络的形成的过程分析，认为在大企业主导型产业创新网络中，大企业依托有形资本、无形资本和关系资本占据网络的焦点位置形成的大企业辐射力，对网络中的组织间知识溢出具有直接作用，并通过影响中小企业的吸收能力、网络中的合作关系质量和知识转移间接促进网络知识溢出；提出了大企业辐射力直接影响和间接影响知识

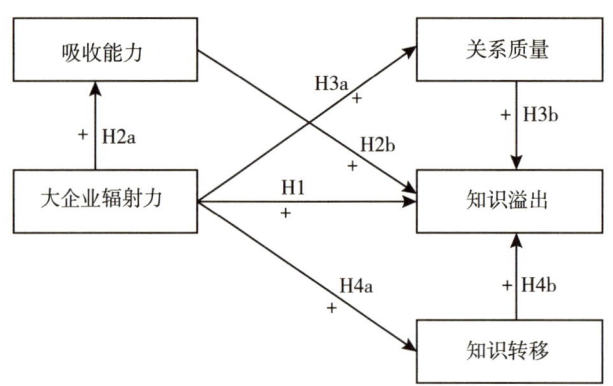

图 2-1 产业创新网络中的大企业辐射力与知识溢出关系的框架模型

溢出的研究假设,图2-1进一步揭示了产业创新网络中大企业辐射力对知识溢出的积极影响。

2.3 本章小结

首先,本章基于知识论的分析视角,通过对知识产生和流动过程的分析,阐释了显性知识和隐性知识的本质,创新网络形成的原因,揭示了隐性知识溢出和显性知识溢出的本质差异。其次,本章界定了大企业主导型产业创新网络和大企业辐射力的内涵。本书认为创新网络中的每个企业依托有形资本、无形资本和关系资本都能形成对网络具有一定影响的辐射力,而大企业拥有中小企业无可比拟的资源禀赋和关系资本,因而其拥有的大企业辐射力可以主导网络的发展。大企业辐射力可在两方面影响网络:其一,大企业辐射力影响网络合作关系的演化;其二,大企业辐射力使得大企业主动或被动地发挥着创新网络中知识、技术扩散中心的作用。后者则是本书研究的重点。

第 2 章 产业创新网络中的大企业知识溢出模型构建

大企业辐射力对产业创新网络中的大企业知识溢出具有直接和间接两方面作用。大企业辐射力对知识溢出，尤其是隐性知识溢出具有直接影响，其影响途径主要有三条，组织间正式的研发合作、网络内部的成员流动以及大企业员工创业。大企业辐射力对知识溢出的间接影响可通过三个中介变量得以实现，即知识转移、关系质量和吸收能力。

第3章 产业创新网络中的大企业知识溢出量表开发

本书在第2章中构建了产业创新网络大企业知识溢出的框架模型,为了有效地测度大企业辐射力、知识溢出等构念,本章开发了产业创新网络大企业知识溢出量表,其中包括三个量表:知识溢出量表、大企业辐射力量表以及知识溢出中介因素量表。产业创新网络中大企业知识溢出框架模型的量表发展分为五个阶段:前导研究、预试量表编写、预试量表施测、预试量表检测以及正式量表施测。本章将完成前四阶段的工作,正式量表施测将在第4章进行。前导研究主要包括深度访谈和文本分析;预试量表编写包括题库建立、专家评价和题项包含性确认;预试量表检测主要包括项目分析和探索性因子分析(EFA)。

3.1 前导研究

本书通过深度访谈的方法,了解在大企业主导型产业创新网络中,企业对于知识溢出和大企业辐射力的认识;并通过文本分析,找出知识溢出、大企业辐射力和中介因素的内涵,为发展测量题项提供现实基础。深度访谈的对象主要为辽宁省装备制造业和制药业的高管或技术骨干,共计12家企业、

16 位受访者，除单独受访者的个别访谈外，如果受访者来自同一企业，则采取团体访谈形式（见表 3-1）。每家企业平均访谈时间为 50 分钟，经受访者同意后，对访谈内容进行录音。每次访谈完成后，邀请 2 位硕士研究生将访谈笔录和录音逐字逐句地整理为文本资料。根据整理的文本资料，笔者与另一名博士研究生提炼访谈中涉及的关键问题以及重复反应，再由 5 位教师和 4 位博士研究生组成的讨论小组①，整理出知识溢出、大企业辐射能力和知识溢出中介变量的内涵，并整理每个构念相关的重点类别，加以编码、分类，为量表的编写提供现实依据。

表 3-1 受访者名单

性别	单位	职务	所属城市
男	沈阳气体压缩机股份有限公司	副总工程师	沈阳
男	抚顺特钢钢管有限公司	副总经理、书记	抚顺
男	大华石油设备有限公司	业务助理	沈阳
男	大华石油设备有限公司	董事长	沈阳
男	沈阳中科靓马生物工程有限公司	总经理	沈阳
女	沈阳宇涛能源装备有限公司	董事、副总经理	沈阳
男	沈阳宇涛能源装备有限公司	董事长、总经理	沈阳
男	沈阳市黎明增压器制造有限公司	董事长	沈阳
女	沈阳市黎明增压器制造有限公司	销售经理	沈阳
男	抚顺隆基磁电设备有限公司	总经理	抚顺
男	辽宁方大集团抚顺炭素有限责任公司	总经理	抚顺
男	辽宁方大集团抚顺炭素有限责任公司	技术部长	抚顺
女	抚顺钛业有限公司	车间主任	抚顺
男	沈阳机床集团	党委书记	沈阳
男	沈阳东药集团	总经理	沈阳
男	沈阳东药集团	经理	沈阳
男	辽宁太克液压机械集团有限公司	总经理	阜新

---

① 讨论小组成员中，5 位教师中 3 位来自辽宁大学，1 位来自沈阳师范大学，1 位来自沈阳工程学院，博士研究生都来自辽宁大学。

第3章 产业创新网络中的大企业知识溢出量表开发

经过文本分析和小组讨论确认,知识溢出构念和大企业辐射力构念都为单维构念,知识溢出中介因素为多维构念。其中,知识溢出中介因素可分为五大类(即五个潜在变量),吸收能力、关系质量、冲突管理、知识转移,以及技术空间。在参考文本分析和前人研究的基础上,本书将7个潜在变量赋予了相应的操作定义,如表3-2所示。

表3-2 构念的操作定义

潜在变量	操作定义	参考来源
知识溢出	在知识持有者无意识的情况下产生的知识流动	Fallah 和 Ibrahim(2004)
吸收能力	企业评估、消化外部新知识并使之商业化应用的能力	Cohen 和 Levinthal(1990)
冲突管理	解决合作中冲突的方法或制度	Kale 等(2000);Jehn(1997)
关系质量	表示企业间行为的一致、默契程度	Anderson 等(1984);Hall(1977)
知识转移	在知识持有者同意的情况下产生的知识流动	Albino 等(1998)
技术空间	相关核心技术的相似程度	Hosein 和 Sherwat(2004);Kaiser(2002);Caniëls 和 Verspagen(2011)
大企业辐射力	产业创新网络中核心企业规模生产能力、创新能力以及企业的开放性等	Corallo 等(2008);Albino 等(1998);Rothwell(1991)

3.2 预试量表编写

预试量表的编写主要包括题库建立、专家评价、题项包含性确认三个步骤(德威利斯,2004)。通过前导研究,本书已清晰地了解了知识溢出和大企业辐射力的内涵,以及知识溢出的中介因素的大致分类。本书在深度访谈

和前人研究的基础上,建立了知识溢出题库、大企业辐射力题库和知识溢出中介因素题库。题项编写的具体原则如下①:

第一,一个好的题项应该是清楚的、不含糊的。那些使被试进退两难的问题应该被删除。

第二,题项的长度应该适宜。题项太长会增加复杂性而降低清晰性,而题项太短可能使得题项表意不清。

第三,题项的阅读难度水平适中。

第四,避免包含多重否定的题项。多重否定可对被试产生干扰,使得题项表意不清。

第五,避免一个题项传达两个或更多的意思。

第六,题项中的代词指代清晰。

此外,题库中相关题项间的冗余是必要的。冗余是内部一致性的一个整体部分,对冗余进行合理的筛选,可以获得更合理的题项。例如,题项"合作伙伴的榜样作用提高了贵企业的技术水平",题项"合作伙伴的榜样作用提高了贵企业的技术水平",以及题项"对合作伙伴的参观学习提高了贵企业的技术水平"之间存在大量的冗余,但三题项的陈述角度略有不同,这些冗余的存在是合理的。

在大企业辐射力、知识溢出及其中介因素的题库的构建中,本书参考Cummings 和 Teng(2003)、Kale 等(2000)、Mohr 和 Spekman(1994)、Jansen 等(2005)、Jaworski 和 Kohli(1993)等的观点或量表。本书预计知识溢出量表题项数为4~6题,大企业辐射力量表题项数为4~6题,知识溢出中介因素量表的题项数为25~35题。在预试量表的编写阶段,题项之间的相关本质还不清楚,为了避免较差的内部一致性,题库中题项的数量越多越好,题库中题项数目是最终量表题目数的3~4倍是很平常的(德威利斯,2004)。但一个特定内容范畴的题项特别难以编写,最初的题库比最终的量

---

① 题项编写的具体原则源于《量表编制:理论与应用》中相关内容的整理。

第3章 产业创新网络中的大企业知识溢出量表开发

表大一倍是可以接受的（德威利斯，2004）。据此，本书建立的知识溢出量表题库拥有14题，大企业辐射力量表题库拥有10题，知识溢出中介因素量表拥有50题，其中，吸收能力方面12题、关系质量方面15题、冲突管理方面8题、知识转移方面8题、技术属性方面7题。

本书采用主观感知方法以Likert 7级量表的形式对知识溢出及其中介因素进行测量。其中，"1"表示完全不同意，"2"表示不同意，"3"表示略微不同意，"4"表示不确定，"5"表示略微同意，"6"表示同意，"7"表示完全同意。

在题库建立完成后，由3位专家组成的专家组对题库进行评价①。专家组进行了三个方面的评价：操作性定义评价、题项评价以及内容效度评价。在操作性定义评价方面，专家组认为知识溢出及其中介因素的相关定义既存在理论依据，也具有实际应用价值；大企业辐射力构念的提出在一定程度上符合企业现实情况，现有理论尚不能充分证明此构念的存在，但大企业辐射力构念的界定明晰有效。在题项评价方面，专家组对知识溢出题库中14个题删除了9题，保留5题；对大企业辐射力题库中的10个题项删除了5题，保留5题；对知识溢出中介因素题库中50个题删除了20题，保留30题。专家组在各题库中保留的题项数略高于预期，并部分保留了冗余的题项，这为预试量表检验过程中删除不良题项留有空间。专家组认为保留的题项与其对应的潜在变量之间具有较高的相关性，但部分题项表述的简洁性欠佳。专家组对部分题项的修改提出了具体意见，例如，专家组建议将知识溢出题项的编写由表3-3转换为表3-4，在缩短题项而不改变题项意思的前提下，降低了题项的敏感性和阅读复杂度。同时，专家组建议，可将7级量表改为5级量表，降低量表的填写难度，提高量表的可操作性②。在内容效度评价方面，专家组认为，大企业辐射力量表和知识溢出量表基本涵盖了构念所涉及

---

① 专家组成员包括1位教授和2位讲师。
② 5级量表中，"1"表示完全不同意，"2"表示不同意，"3"表示不确定，"4"表示同意，"5"表示完全同意。

的相关内容，能够有效测度大企业辐射力和知识溢出两构念，两个量表具有较好的内容效度。知识溢出中介变量量表能够在一定程度上测度知识溢出中介变量，但忽略了对合作伙伴地理距离的重视，可能造成知识溢出中介变量测度的不全面。

表 3-3 原知识溢出题库中的部分题项

贵企业							
请您在符合企业实际情况的数字上画"√"	完全不同意 ←→ 完全同意						
（1）在大企业未授权情况下学习了他们可以用图纸或文字材料描述的技术	1	2	3	4	5	6	7
（2）在大企业无意间获得了他们不能明确表达的窍门、秘诀、手艺（非书面化隐性知识）	1	2	3	4	5	6	7
（3）偶然获知了大企业对某一现象、动作或事物特定的抽象表述（语言化隐性知识）	1	2	3	4	5	6	7
……	1	2	3	4	5	6	7

表 3-4 调整后的知识溢出题库中的部分题项

贵企业无意间学习了大企业的哪类技术							
请您在符合企业实际情况的数字上画"√"	完全不同意 ←→ 完全同意						
（1）可以用图纸或文字材料描述的技术	1	2	3	4	5	6	7
（2）不能明确表达的窍门、秘诀、手艺（非书面化隐性知识）	1	2	3	4	5	6	7
（3）某一现象、动作或事物特定的抽象表述（语言化隐性知识）	1	2	3	4	5	6	7
……	1	2	3	4	5	6	7

在题项包含性确认环节中，本书接受了专家组的建议，对部分题项进行了修改，并在关系质量中增加了地理关系的相关题项1题。同时，为了避免默许、断言，或一致性偏见，本书将部分措辞积极的题项变更为措辞消极的题项。尽管同时含有措辞积极的题项和消极题项的量表可能对被试造成一定程度的混淆，但鉴于本书开发的三个量表题项数均较少，造成混淆的可能性

不大。为了避免因题项极性的不同而造成被试的混淆，题库中消极词汇都加粗，并在下方加着重号。经由上述程序，本书完成了对知识溢出、大企业辐射力以及知识溢出中介因素三个预试量表的编制，其中，知识溢出预试量表共5题，大企业辐射力量表共5题，知识溢出中介因素量表31题（吸收能力6题，关系质量7题，冲突管理6题，知识转移6题，技术空间6题）。三个预试量表编写完成后，本书将三个量表融合于一个问卷内，并添加了问卷的标题、卷首语、卷尾语，以及关于企业基本信息若干问题。鉴于"知识溢出"、"大企业辐射力"等词汇对于企业的实践工作者比较陌生，为了避免量表填写者的反感和疑惑，本书对量表的标题和卷首语采用了模糊化处理，更易于量表填写者理解（见附录1）。

3.3　预试量表施测

预试量表施测的被试主要来自辽宁大学商学院200位MBA学员，所有对学员的调查在学员课间休息时完成，在调查之前，事先告知被试调查内容完全保密，且仅用于科学研究，并反馈调查结果以供学员学习。在196份问卷中剔除废卷，实际回收有效问卷142份，问卷有效回收率为72.5%①。

3.4　预试量表检测

本书开发的三个量表中，知识溢出量表和大企业辐射力量表是单维构念

---

①　废卷主要包括非企业工作的学员问卷以及少数未完成填写的问卷。

的量表，知识溢出中介因素量表为多维构念的量表。本节对知识溢出和大企业辐射力单维量表进行项目分析；对知识溢出中介因素多维量表进行项目分析和探索性因子分析（EFA）。各量表的项目分析和探索性因子分析皆借助PASW Statistics 18.0 软件完成。

3.4.1 知识溢出预试量表检测

预试量表的项目分析包括遗漏检验、描述统计检验、极端组比较、同质性检验。其中，描述统计检验包括平均数、标准差、偏态系数；同质性检验包括相关系数和因子载荷值。

首先，遗漏检验。遗漏检验的目的在于针对量表试题发生遗漏状况的趋势分析（邱皓政、陈燕祯、林碧芳，2009）。在 5 题项的知识溢出预试量表中，142 份问卷中共计 710 次反应，共遗漏 6 次，其中，题项 ZSYC1 遗漏 2 次，题项 ZSYC2 遗漏 2 次，题项 ZSYC5 遗漏 2 次。由此可见，知识溢出预试量表遗漏值较少，被试填写得较为认真。通过遗漏检验，各题项遗漏次数较少，本书尚不能确定应删除的题项。

其次，描述统计检验。量表各题项的描述统计检测显示出题项的基本性质，以各题项的平均数、标准差、偏态等数据来判断题项的优劣。其中，过高或过低的平均数、较小的标准差，以及严重的偏态，代表了题目可能存在鉴别度不足的问题。本预测量表皆为 5 级量表，平均值为 3。如表 3-5 所示，在 5 题项的知识溢出预试量表中，5 个题项的极大值和极小值分别为 5 和 1（不考虑遗漏题项），平均值介于 3.08~3.43，仅略高于 3.00，未出现过高或过低的平均数。5 个题项的标准差介于 1.12~1.26，均高于 0.75，未出现低鉴别度的题项。5 个题项偏态皆为负，均为负偏态，且偏态系数绝对值小于 0.75，5 个题项中未出现偏态明显的题项。5 个题项的峰度皆为负，均为低阔峰。

第3章 产业创新网络中的大企业知识溢出量表开发

表 3-5 知识溢出预试量表的描述统计分析

	平均值	极小值	极大值	标准差	峰度	偏态
ZSYC1	3.2357	1.00	5.00	1.12276	-0.625	-0.045
ZSYC2	3.4286	1.00	5.00	1.17003	-0.863	-0.181
ZSYC3	3.0775	1.00	5.00	1.25520	-1.132	-0.017
ZSYC4	3.2042	1.00	5.00	1.18823	-1.050	-0.147
ZSYC5	3.1643	1.00	5.00	1.23853	-1.007	-0.249

注：ZSYC1~ZSYC5 依次代表附录1 知识溢出预试量表的第1~第5题。

再次，极端组比较。极端组检验是将所有样本的全量表整体得分最高分与最低分分别归入两组，即高分组和低分组。各题项平均数在这两极端组中，应有显著的差异，方能反映题项的鉴别力（邱皓政等，2009）。在知识溢出预试量表中，取总分最高与最低的各27%，分别组成高分组和低分组（其中，高分组56人；低分组42人），进行 t 检验，检验结果显示，所有题项皆在0.001显著水平下通过检验。在极端组比较中，各题项均在0.001显著水平下具有一定的鉴别力，题项的删除尚需结合其他指标的考量。

最后，同质性检验。同质性检验包括两部分，内部同质性和因子载荷。因各题项测量同一属性，各题项间应具有高度相关，在因子分析中，具有一致的因子载荷量（邱皓政等，2009）。借助 PASW Statistics 18.0 软件，本书对知识溢出预试量表的内部同质性进行检验，5题项的知识溢出预试量表 Cronbach α 值为0.764，预试量表具有较好的内部一致性[①]。如表3-6所示，各题项与总分相关系数均大于0.3。可见知识溢出预试量表具有较好的同质性。关于项目分析中量表因子载荷的考察，本书选择主轴因子分析法，并固定因子个数为1。5题项知识溢出预试量表的因子载荷量依次分别为0.775、0.674、0.487、0.473、0.724，均大于0.3。知识溢出预试量表具有较好的

---

① 德威利斯（2004）认为，Cronbach α 值低于0.60，不能接受；0.60~0.65，不理想；0.65~0.70，最低程度的可接受；0.70~0.80，可观的；0.80~0.90，非常好。

内部同质性和因子载荷，因此，同质性检验显示不存在题项与全量表不同质的情况。

表 3-6　知识溢出预试量表的信度分析

	ZSYC1	ZSYC2	ZSYC3	ZSYC4	ZSYC5
题项与总分相关系数	0.596	0.499	0.499	0.489	0.589
删除题项后的信度	0.701	0.733	0.734	0.737	0.701

注：ZSYC1~ZSYC5 依次代表附录 1 知识溢出预试量表中的第 1~第 5 题。

综上所述，知识溢出预试量表经过遗漏检验、描述统计分析、极端组检验和同质性检验等项目分析，证明 5 题项均通过检验，都应予以保留，此 5 题项量表可以进行正式施测。

3.4.2　大企业辐射力预试量表检测

首先，遗漏检验。在 5 题项的大企业辐射力预试量表中，142 份问卷中共计 710 次反应次数，共遗漏 6 次，其中，题项 DQYFSL1 遗漏 2 次，题项 DQYFSL2 遗漏 2 次，题项 DQYFSL3 遗漏 2 次。由此可见，大企业辐射力出现预试量表遗漏值较少，被试填写得较为认真。通过遗漏检验，各题项遗漏次数较少，本书尚不能确定应删除的题项。

其次，描述统计检验。如表 3-7 所示，在 5 题项的大企业辐射力预试量表中，5 个题项的极大值和极小值分别为 5 和 1（不考虑遗漏题项），平均值介于 3.13~3.43，仅略高于 3.00，未出现过高或过低的平均数。5 个题项的标准差介于 1.03~1.23，均高于 0.75，未出现低鉴别度的题项。5 个题项偏态皆为负，均为负偏态，且偏态系数绝对值小于 0.75，5 个题项中未出现偏态明显的题项。5 个题项的峰度皆为负，均为低阔峰。

第3章 产业创新网络中的大企业知识溢出量表开发

表3-7 大企业辐射力预试量表的描述统计分析

	平均值	极小值	极大值	标准差	峰度	偏态
DQYFS1	3.2643	1.00	5.00	1.14182	−0.826	−0.094
DQYFS2	3.4286	1.00	5.00	1.11976	−0.936	−0.068
DQYFS3	3.4000	1.00	5.00	1.03047	−0.571	−0.107
DQYFS4	3.1479	1.00	5.00	1.21426	−1.138	−0.071
DQYFS5	3.1338	1.00	5.00	1.23328	−1.057	−0.098

注：DQYFS1~DQYFS 5 依次代表附录1大企业辐射力预试量表的第1~第5题。

再次，极端组比较。在大企业辐射力预试量表中，取总分最高与最低的各27%，分别组成高分组和低分组（其中，高分组41人；低分组36人），进行t检验，检验结果显示，所有题项皆在0.001显著水平下通过检验。在极端组比较中，各题项均在0.001显著水平下具有一定的鉴别力，题项的删除尚需结合其他指标的考量。

最后，同质性检验。关于大企业辐射力预试量表的内部同质性检验，5题项的大企业辐射力预试量表Cronbach α值为0.751，预试量表具有较好的内部一致性。如表3-8所示，各题项与总分相关系数均大于0.3。可见大企业辐射力预试量表具有较好的同质性。关于项目分析中量表因子载荷的考察，5题项大企业辐射力预试量表的因子载荷量依次分别为0.775、0.674、0.487、0.473、0.724，均大于0.3。大企业辐射力预试量表具有较好的内部同质性和因子载荷，因此，同质性检验显示不存在题项与全量表不同质的情况。

表3-8 大企业辐射力预试量表的信度分析

	DQYFS1	DQYFS2	DQYFS3	DQYFS4	DQYFS5
题项与总分相关系数	0.502	0.605	0.539	0.525	0.0424
删除题项后的信度	0.711	0.674	0.700	0.703	0.742

注：DQYFS1~DQYFS5 依次代表附录1大企业辐射力预试量表的第1~第5题。

综上所述,大企业辐射力预试量表经过遗漏检验、描述统计分析、极端组检验和同质性检验等项目分析,证明5题项均通过检验,都应予以保留,此5题项量表可以进行正式施测。

3.4.3 知识溢出中介因素预试量表检测

3.4.3.1 项目分析

首先,遗漏检验。在知识溢出中介因素预试量表中,31题的142份问卷中共计4402次反应次数,其中,产生了42次遗漏,占总数的0.954%。最高遗漏次数为3次,遗漏值为2.1%,其中包括N5、J1、J2 3题。遗漏2次,遗漏值为1.4%的题项为N3、N6、C5、G5、G6、G7、Z1、Z3、Z4、Z6、J3、J4、J6,共计13题[①]。遗漏1次,遗漏值为0.7%的题项为N1、N2、N4、C3、C4、C6、J5,共计7题。由此可见,本次施测遗漏次数较少、遗漏值较低,填答者的填写较完整。遗漏值高的题项都集中于问卷的后面,可能由于填答者的疲倦所致,并且,遗漏题项较为分散。因此,题项的删除尚需结合其他指标的考量。

其次,描述统计检验。在知识溢出中介因素预试量表中,各题项的平均值介于2.84~4.22;标准差介于0.898~1.407;偏态介于-1.268~0.620,且偏态系数大于0的题项仅有3题(见附录2)。在知识溢出中介因素量表预试结果中,不存在平均值过低的题项;平均值高于4的题项为C6、G7、Z3 3题;不存在标准差低于0.75的题项;偏态系数绝对值高于0.7的题项为N6、C6、G7、Z3、Z6。由此可知,平均值明显偏离的题项为C6、G7、Z3;偏态明显的题项为N6、C6、G7、Z3;低鉴别度指标同时存在于同一题

---

① N1~N6依次代表吸收能力中的题项1~题项6;G1~G7依次代表关系质量中的题项1~题项7;C1~C6依次代表冲突管理中的题项1~题项6;Z1~Z6依次代表知识转移中的题项1~题项6;J1~J6依次代表技术空间中的题项1~题项6。

第3章 产业创新网络中的大企业知识溢出量表开发

项的包括 C6、G7、Z3，此3题应考虑优先删除，其他题项有待后续检验。

再次，极端组比较。在知识溢出中介因素预试量表中，取总分最高与最低的各27%，分别组成高分组和低分组（其中，高分组39人；低分组37人），进行t检验。检验结果显示，仅关系质量题项G1未达到0.05显著水平，冲突管理题项C5未达到0.01显著水平，其余题项均达到0.01显著水平。在极端组比较中，除题项G1外，各题项均在0.05显著水平下具有一定的鉴别力。题项G1应考虑优先删除，其余题项是否删除尚需结合其他指标的考量。

最后，同质性检验。通过内部同质性检验，知识溢出中介因素量表Cronbach α值为0.911，显示出量表题目具有一定同质性。关于相关系数的考察，如附录3所示，仅题项C5、G1、Z5与总分的相关系数小于0.3。关于因子载荷的考察，因子载荷低于0.3的题项包括题项C5、G1、Z5，其余题项因子载荷量较高。由此可见，题项C5、G1、Z5的相关系数和因子载荷量均较低，这些题项显示出与全量表不同质，应考虑予以删除。

如表3-9所示，通过以上项目分析，7个指标中有3个指标不理想的题项有1题，即G1；有2个指标不理想的有5题，即C5、C6、G7、Z3、Z5；有1个指标不理想的有2题，即N6、Z6。本书将2个或2个以上指标不理想的题项删除，共计删除6题，即题项G1、C5、C6、G7、Z3、Z5；保留有1个指标不理想的题项，共计2题，即题项N6、Z6。经过项目分析后，本书删除6题，保留25题进行探索性因子分析。

表3-9 预试量表项目分析整体分析结果

题号	题目内容	均值	偏态	极端组检验	相关	因子载荷	累计数
N6	贵企业研发投入较大		*				1
C5	不存在解决冲突的双向沟通机制				*	*	2
C6	冲突发生时，双方均注重企业文化上的差异	*	*				2
G1	贵企业与大企业合作非常顺利			*	*	*	3

续表

题号	题目内容	均值	偏态	极端组检验	相关	因子载荷	累计数
G7	贵企业与大企业的组织关系促进了私人关系的形成	*	*				2
Z3	贵企业愿意向大企业传授知识或技术	*	*				2
Z5	大企业积极向贵企业学习知识或技术				*	*	2
Z6	大企业愿意向贵企业传授知识或技术		*				1

3.4.3.2 探索性因子分析

探索性因子分析（EFA）主要目的是检验题项背后的潜在特质的内在结构和因子负荷量的适合性。在进行 EFA 之前，先进行 Bartlett 球形检验和 KMO 量数判断，以确保预试样本满足 EFA 的要求。检验结果显示，KMO 采样充足度等于 0.815、Bartlett 球形检验值为 2946.944，自由度为 300，$p = 0.000$，两结果都达到显著水平，适合进行 EFA[①]。

本书采用主成分分析法进行 EFA，并用方差最大法进行因子旋转，最初因子的分类，以特征根大于 1 作为因子提取标准。分析结果显示，25 个题项被抽取 5 个主要因子，可解释 72.548% 的方差。题项多集中于 4 个因子中，最后一个因子仅包含 1 个题项——题项 N6，且许多题项落入非对应因子中。鉴于此，本书选择抽取 4 个主要因子，重新进行 EFA。分析结果显示，25 个题项被抽取 4 个主要因子，可解释 67.838% 方差，各因子可解释方差分别为 31.807%、20.397%、9.215%、6.419%，如表 3-10 所示。

---

① Bartlett 球形检验用来检验是否具有显著的相关系数，若其 p 值小于给定显著性水平 α，则适合进行因子分析。KMO 值是检验净相关矩阵，Kaiser（1974）指出，KMO 大于 0.9，因子分析适合性极佳；0.7<KMO<0.8，因子分析适合性良好。

第3章 产业创新网络中的大企业知识溢出量表开发

表 3-10 因子萃取与因子载荷比重

单位:%

因子	初始特征值			萃取的因子载荷平方和			旋转后因子载荷平方和		
	总和	方差百分比	累计贡献率	总和	方差百分比	累计贡献率	总和	方差百分比	累计贡献率
1	7.952	31.807	31.807	7.952	31.807	31.807	6.326	25.303	25.303
2	5.099	20.397	52.204	5.099	20.397	52.204	5.706	22.822	48.125
3	2.304	9.215	61.419	2.304	9.215	61.419	2.568	10.273	58.399
4	1.605	6.419	67.838	1.605	6.419	67.838	2.360	9.440	67.838
5	1.177	4.710	72.548						
6	0.930	3.719	76.267						

旋转后因子矩阵的第一个因子，由吸收能力子量表的全部题项和部分技术空间子量表的题项组成，即第一个因子包括 N1、N2、N3、N4、N5、J4、J5、J6 共计 8 题。题项 J4、J5、J6 内容既描述了创新网络中的中小企业与大企业技术差距，也反映了中小企业的技术搜寻能力，因此，本书将第一个因子称为吸收能力。同时，不难发现，题项 N6 的因子载荷量仅为 0.377。这说明第一个因子吸收能力对题项 N6 的解释能力较低，其对题项 N6 解释了略高于 10% 的部分[①]。加之，题项 N6 的偏态较为明显，本书删除题项 N6。旋转后因子矩阵的第二个因子，由关系质量子量表的全部题项、冲突管理的全部题项，以及知识转移的一个题项构成，即第二个因子包括 G2、G3、G4、G5、G6、C1、C2、C3、C4、Z2 10 个题项。冲突管理子量表在一定程度上反映了关系质量，题项"贵企业更希望与本地大型企业合作"则体现了地理距离对关系的影响，因此，本书将第二个因子定义为关系质量。第三个因子由剩余的技术空间子量表题项构成，即题项 J1、J2、J3，因此，本书将第三个因子称为技术空间。第四个因子由剩余的知识转移子量表题项构

---

① 因子载荷评判标准，因子载荷为 0.71，因子能解释观测变量的 50%；因子载荷为 0.63，因子能解释观测变量的 40%；因子载荷为 0.55，因子能解释观测变量的 30%；因子载荷为 0.45，因子能解释观测变量的 20%；因子载荷为 0.32，因子能解释观测变量的 10%。

成，即题项 Z1、Z4、Z6，因此，本书称其为知识转移。需要说明的是，潜在变量技术空间本不是第 2 章构建的框架模型的一部分，但在深度访谈中，本书发现，部分受访企业认为，技术空间可对知识溢出的效果产生显著影响，而作为考察企业间技术相似性的技术空间存在一定的客观性，与企业所属行业密切相关，其不能归入中介变量，但可作为控制变量，以提高实证模型的拟合优度。

本书通过项目分析删除了指标不理想的题项 6 题；通过探索性因子分析，删除了因素载荷较低的题项 1 题，最终形成了包括 4 个因子、24 题的知识溢出中介因素量表。

综上所述，本书借助 PASW Statistics 18.0 软件，对三个预试量表进行项目分析和探索性因子分析，并最终获得了 5 题项的知识溢出正式量表、5 题项的大企业辐射力正式量表和 24 题项的知识溢出中介因素量表，正式量表参见附录 4。

3.5 本章小结

为了对第 2 章构建的产业创新网络中的大企业知识溢出模型中的构念进行测度，本章编制了知识溢出、大企业辐射力和知识溢出中介变量三个量表。其中，知识溢出和大企业辐射力为单维量表，知识溢出中介变量为多维量表。本章中量表编制的步骤如下：

第一，在量表编写之初，本书对辽宁省内十余家企业进行了深度访谈。

第二，在整理访谈资料的基础上，参考前人的研究，编写了三个量表的题库。其中，知识溢出题库包括 14 题，大企业辐射力题库包括 10 题，知识溢出中介因素题库包括 50 题。

第三，本书邀请了由 1 位教授、2 位讲师组成的专家小组，对三题库进

第3章 产业创新网络中的大企业知识溢出量表开发

行评价。专家组确认了对三构念的操作性定义的有效性,并认为构念与题项间具有较好的相关性,题项编写存在一定冗余,部分题项措辞尚需修改,知识溢出中介因素量表的子量表划分合理,但忽略了地理距离对知识溢出的影响。

第四,本书接受了专家组的意见,修改量表后,形成三个预试量表,并对其进行施测。

第五,根据预试样本,对三个预试量表进行项目分析和探索性因子分析。分析结果显示,5题项的知识溢出预试量表和5题项的大企业辐射力预试量表通过项目分析可形成正式量表;31题项的知识溢出中介变量预试量表经项目分析删除6题,经探索性因子分析删除1题后,形成了24题项的正式量表。

第 4 章 产业创新网络中的大企业知识溢出实证分析

4.1 正式量表施测和样本整理

本书在第 2 章中构建了产业创新网络中的大企业知识溢出框架模型，分析了大企业辐射力对网络内中小企业知识溢出的直接作用和间接作用，提出了七个基本假设（见表 4-1）。本章采用第 3 章开发的产业创新网络大企业知识溢出量表对辽宁省多个创新网络内的中小企业进行问卷调查，并将所获得的数据构建 PLS-SEM 模型，以验证第 2 章中的框架模型的基本假说。

表 4-1 产业创新网络中的大企业知识溢出基本假设

序号	假设内容
H1	产业创新网络中的大企业辐射力促进大企业向中小企业的知识溢出
H2a	产业创新网络中的大企业辐射力对中小企业的吸收能力具有正向影响
H2b	产业创新网络中的中小企业吸收能力促进大企业向中小企业的知识溢出
H3a	产业创新网络中的大企业辐射力对企业间的关系质量具有正向影响
H3b	产业创新网络中的关系质量促进大企业向中小企业的知识溢出
H4a	产业创新网络中的大企业辐射力对企业间的知识转移具有正向影响
H4b	产业创新网络中的知识转移促进大企业向中小企业的知识溢出

4.1.1 正式量表施测

本书主要研究创新网络内部大企业知识溢出，属于企业层面的微观问题，且涉及潜在变量，实证所需的数据无法从公开资料中获得，因此，本书在第3章编制了创新网络内部大企业知识溢出量表。正式量表确定后，本书在辽宁省经济和信息化委员会的协助下，对辽宁省多个创新网络中企业进行问卷调查。本次调查共发放问卷240份，剔除不符合要求、问卷回答前后矛盾或数据有较大缺失的无效问卷58份，收回有效问卷182份，问卷有效回收率为75.83%。本次调查的样本企业来自沈阳、鞍山、本溪、丹东、锦州等13个城市（见表4-2）。其中，私营企业占样本容量的68.13%，国有企业占15.93%，集体企业占2.75%，国外独资或合资占3.30%，其他占9.89%。

表4-2 调查企业所属城市

城市	企业数（家）	占比（%）	城市	企业数（家）	占比（%）
沈阳	53	29.12	营口	10	5.49
鞍山	11	6.04	大石桥	3	1.65
海城	3	1.65	辽阳	15	8.24
抚顺	12	6.59	铁岭	11	6.04
本溪	15	8.24	开原	3	1.65
丹东	19	10.44	葫芦岛	11	6.04
锦州	16	8.79			

4.1.2 样本数据描述性统计分析

本书根据182份有效问卷中的数据，运用PASW Statistics 18.0统计软件

第 4 章 产业创新网络中的大企业知识溢出实证分析

对 6 个潜在变量所对应的 34 个题项进行描述性统计分析（见表 4-3），以此推断辽宁省大企业主导型产业创新网络知识溢出的基本特征。

表 4-3 样本数据描述性统计分析

潜在变量	观测变量	平均值	极小值	极大值	标准差	峰值	偏态
关系质量	QYGX1	3.3978	1.00	5.00	1.30673	-1.572	0.015
	QYGX2	3.4144	1.00	5.00	1.34148	-1.569	-0.038
	QYGX3	3.4033	1.00	5.00	1.34486	-1.638	0.063
	QYGX4	3.1436	1.00	5.00	1.37490	-1.416	0.244
	QYGX5	3.4365	1.00	5.00	1.33441	-1.586	-0.047
	QYGX6	3.4088	1.00	5.00	1.34937	-1.609	0.045
	QYGX7	2.5912	1.00	5.00	1.36981	-1.586	-0.003
	QYGX8	3.6354	1.00	5.00	1.32902	-1.512	-0.324
	QYGX9	3.5359	1.00	5.00	1.35609	-1.686	-0.124
	QYGX10	3.5193	1.00	5.00	1.36866	-1.513	-0.199
吸收能力	XSNL1	3.7624	1.00	5.00	1.07182	-0.841	-0.224
	XSNL2	3.4420	1.00	5.00	1.34710	-1.420	-0.144
	XSNL3	3.6740	1.00	5.00	1.31607	-1.476	-0.325
	XSNL4	3.2541	1.00	5.00	1.35053	-0.975	-0.391
	XSNL5	3.3481	1.00	5.00	1.36029	-0.964	-0.452
	XSNL6	3.8343	1.00	5.00	1.12800	-1.302	-0.303
	XSNL7	3.4586	1.00	5.00	0.87857	-0.294	-0.345
	XSNL8	4.0939	2.00	5.00	0.88633	-0.648	-0.573
知识转移	ZSZY1	3.1105	1.00	5.00	1.18272	-1.141	-0.053
	ZSZY2	3.1602	1.00	5.00	1.16513	-1.212	-0.104
	ZSZY3	2.8122	1.00	5.00	0.96498	-0.575	0.761
技术空间	JSKJ1	4.3315	1.00	5.00	1.04379	0.740	-1.352
	JSKJ2	4.4641	1.00	5.00	0.90987	2.160	-1.682
	JSKJ3	4.1602	1.00	5.00	1.30033	0.404	-1.313

续表

潜在变量	观测变量	平均值	极小值	极大值	标准差	峰值	偏态
大企业辐射力	DQYNL1	2.6630	1.00	5.00	1.13637	-0.518	0.463
	DQYNL2	2.8011	1.00	5.00	1.26675	-1.148	0.132
	DQYNL3	2.9779	1.00	5.00	1.13017	-0.704	0.231
	DQYNL4	3.1160	1.00	5.00	1.17512	-0.941	0.167
	DQYNL5	2.9503	1.00	5.00	1.17509	-0.907	0.180
知识溢出	ZSYC1	3.0994	1.00	5.00	1.08066	-0.578	-0.040
	ZSYC2	2.6575	1.00	5.00	1.08720	-0.218	0.559
	ZSYC3	2.8232	1.00	5.00	1.24798	-1.088	-0.215
	ZSYC4	3.1215	1.00	5.00	1.06804	-0.573	0.004
	ZSYC5	3.4641	1.00	5.00	1.01384	-0.619	-0.322

如表4-3所示，34个观测变量的极大值均为5，极小值均为1。关系质量的10个观测变量均值在2.5912~3.6354，这说明关系质量处于均值水平（极值的平均值为3）。吸收能力的8个观测变量均值在3.2541~4.0939，这说明吸收能力处于较高水平（大于3）。知识转移的3个观测变量均值在2.8122~3.1602，这说明知识转移处于均值水平。技术空间的3个观测变量均值在4.1602~4.4641，这说明技术空间处于较高水平（大于3）。大企业辐射力的5个观测变量均值在2.6630~3.1160，这说明大企业辐射力处于均值水平。知识溢出的5个观测变量均值在2.6575~3.4641，这说明知识溢出处于均值水平。34个观测变量的标准差均大于0.75，可以认为样本数据的离散程度较大。由每个观测变量的峰态和偏态可知，样本数据具有过度峰度和左偏的特点。加之，所调查企业仅是与辽宁省经济和信息化委员会业务往来较密切的企业，样本选择为非随机选择的，且样本容量较小，样本数据可能不满足正态分布。

4.2 实证方法的选择：PLS-SEM 与 CB-SEM 的区别

偏最小二乘法（Partial Least Squares Method，PLS）于 1983 年由伍德和阿巴诺等人首次提出，是一种集成了主成分分析、典型相关分析和多元线性回归的统计算法，能够处理多个被解释变量与多个解释变量的回归模型，并能够相对妥善地处理普通多元回归无法解决的问题（王慧文等，2006）。多元统计分析的方法可分为两类：一类是模型式方法，另一类是认识性方法①。模型式方法将变量划分为解释变量和被解释变量，并探索二者之间的函数关系；认识性方法是探索变量或样本间的相似性。PLS 则将两类方法中的主成分分析、典型相关分析和多元线性回归分析有机地结合在一起，成为多元统计分析方法发展的一次飞跃，因此，被称为第二代回归分析方法（Fornell，1982）。

PLS 主要研究多个解释变量与多个被解释变量的回归模型，尤其是，变量之间存在较高相关性或样本量较小时，PLS 比逐个被解释变量的普通多元回归更加有效，整体性更强（王慧文等，2006）。考虑 p 个被解释变量 y_1，y_2，…，y_p 与 m 个解释变量 x_1，x_2，…，x_m，被解释变量和解释变量均有 f 个样本点，其数据表分别为 $Y=\{y_1, y_2, …, y_p\}_{f\times p}$ 和 $X=\{x_1, x_2, …, x_m\}_{f\times m}$，PLS 基本算法包括如下三个步骤：首先，在数据表 X 和 Y 中分别提取各自第一成分 t_1 和第一成分 u_1。数据表成分提取需要保证 t_1 和 u_1 尽可能多地携带原数据表中的变异信息，且 t_1 和 u_1 的相关程度能够达到最大。其次，分别建立数据表 Y 与 t_1 的回归以及数据表 X 与 t_1 的回归。若回归方程均能达到满意

---

① 模型式方法包括回归分析、判别分析等；认识性方法包括主成分分析、因子分析和聚类分析等。

的精度,则算法中止;否则进行第二成分的提取,直到回归方程达到满意的精度。若数据表 X 提取 b 个成分 t_1, t_2, …, t_b 后回归方程获得满意精度。最后,PLS 将通过建立 y_1, y_2, …, y_p 与 t_1, t_2, …, t_b 的回归,表示为 y_1, y_2, …, y_p 与 x_1, x_2, …, x_m 的回归方程式[①]。

20 世纪 70 年代所发展出来的结构方程模型(SEM),经过几十年的发展已形成一套完整的统计模式,在社会、心理、教育、经济、管理、市场等研究领域得到了广泛的应用。SEM 模型的一个重要特性是能够对抽象的构念进行估计和检验,SEM 模型是将不可直接测量的构念,以潜在变量的形式,运用观测变量模型化的分析(邱皓政、林碧芳,2009)。一个完整的 SEM 模型包括测量模型和结构模型,前者系描述实际测量变量与潜在变量的相互关系,后者则描述潜在变量之间的因果关系(邱皓政、林碧芳,2009)。目前,SEM 模型已成为分析潜在变量间因果关系非常重要的多元数据分析工具。部分研究者将 SEM 模型等同为基于协方差方法的结构方程(CB-SEM),而基于偏最小二乘方法的结构方程(PLS-SEM)却并不被熟知。虽同为 SEM 模型,但二者存在较大差异。CB-SEM 通过极大似然等方法,优化理论模型所导出协方差与实际观测得到的协方差的差异,CB-SEM 的目的是复制出理论模型的协方差矩阵。而 PLS-SEM 通过主成分分析、典型相关分析和多元回归等方法最大化模型的预测能力,PLS-SEM 的目的是最大限度地解释因变量的协方差。与 CB-SEM 对数据分布假设要求严格不同,PLS-SEM 应用非参数推断方法,对数据分布没有要求。因此,CB-SEM 需要大样本,PLS-SEM 可以在小样本条件下获得比较理想的结果。

PLS-SEM 结合了路径分析和 PLS 回归两种方法。PLS-SEM 之所以称之为 PLS,是因为 PLS-SEM 在测量模型和结构模型的系数估计中应用了偏最小二乘回归(PLS)。PLS-SEM 的测量模型可称为外层模型(Outer Model),测量模型中观测变量与潜在变量为单向关系,且一个观测变量仅能对应一个

---

① PLS 算法的步骤介绍参考了司守奎,孙玺菁. 数学建模算法与应用[M]. 北京:国防工业出版社,2011.

潜在变量。PLS-SEM 的测量模型可处理效果测量模型（Reflective Measurement Model）和构成测量模型（Formative Measurement Model）。其中，效果测量模型表示潜在变量是观测变量的原因；而构成测量模型表示潜在变量由观测变量组成。PLS-SEM 的运算法则包括两个阶段，第一阶段估计潜在变量的得分，第二阶段估计测量模型的外层权重、因子载荷，以及结构模型的路径系数。

尽管 PLS-SEM 从产生之初就受到了许多支持 CB-SEM 的学者们的质疑，他们认为 PLS-SEM 方法不够严谨，不能应用于潜在变量的因果分析，但 PLS-SEM 在因果模型中的合理应用将使其成为"银子弹"，PLS-SEM 和 CB-SEM 可作为互补方法（Hair 等，2011；Hulland，1999）。根据 Hair 等（2011）总结的选择模型及选择经验规则，本书选择 PLS-SEM 模型对产业创新网络中的大企业知识溢出构建实证模型，且测量模型为效果测量模型。具体理由如下：第一，本书的实证模型是用于理论的探索，且需要检验三个潜在变量是否为中介变量。第二，本书的样本量较少，且不符合正态分布。第三，本书需要获得潜在变量的得分。

4.3 产业创新网络中的大企业知识溢出 PLS-SEM 模型

4.3.1 路径分析图与模型估计

基于第 2 章中产业创新网络大企业知识溢出的框架模型，本书构建了 6 个潜在变量的结构方程。其中，知识溢出（ZSYC）为内生潜在变量，大企

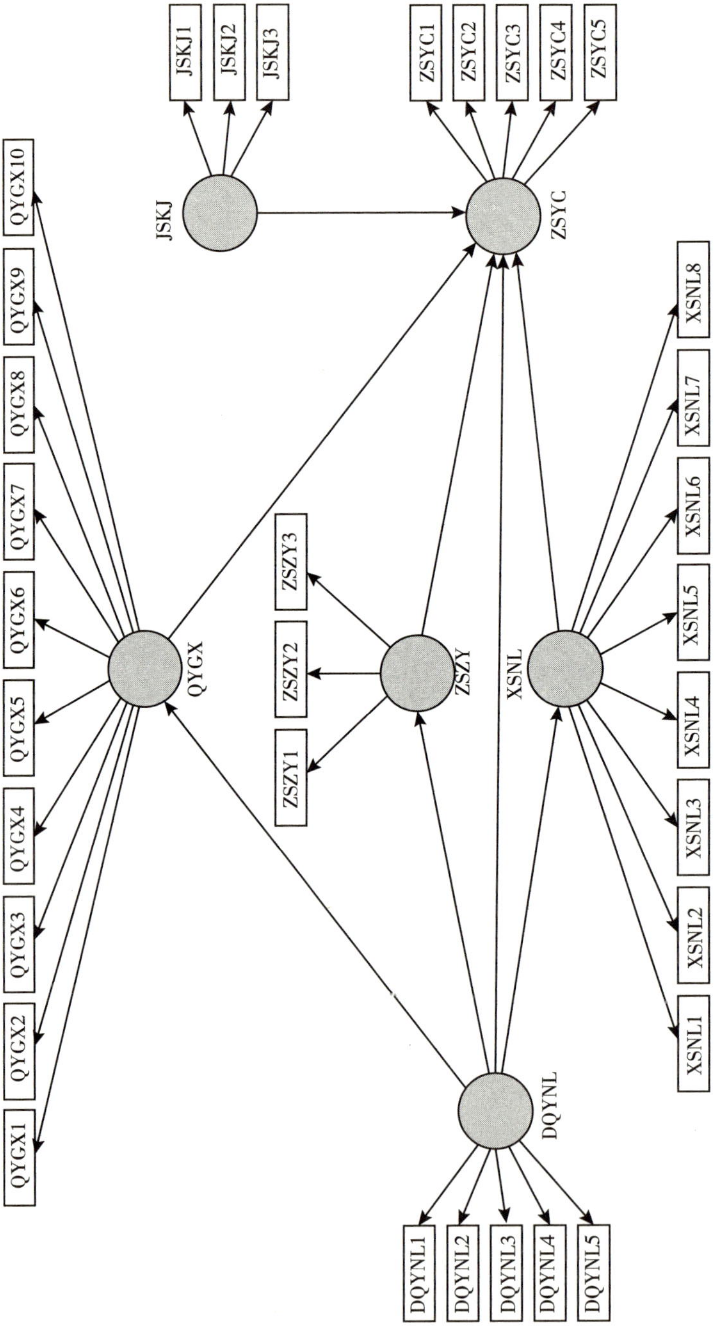

图4-1 产业创新网络中的大企业知识溢出结构方程路径图

业辐射力（DQYNL）为外生潜在变量，吸收能力（XSNL）、关系质量（QYGX）、知识转移（ZSZY）为中介变量，技术空间（JSKJ）为控制变量。产业创新网络中的大企业知识溢出的结构方程路径图如图4-1所示①。

产业创新网络中的大企业知识溢出模型为效果测量模型（Reflective Measurement Modle），本书利用SmartPLS2.0.M3软件估计模型。SmartPLS2.0.M3软件是一款基于偏最小二乘算法的结构方程软件，由德国汉堡大学商学院开发②。SmartPLS2.0.M3软件操作界面友善、操作简单，运算速度较快。其他可以运算PLS-SEM的软件还有LVPLS、PLS-Graph、PLS-GUI、SPAD-PLS。相比于CB-SEM的LISREL软件，这些软件虽然更易操作，但它们忽视了对于运算方法的强调。产业创新网络中的大企业知识溢出模型的样本数据经过了6次迭代后收敛，运算结果包括，潜在变量间相关系数、因子载荷、权重、路径系数、拟合优度等。

4.3.2 信度与效度检验

PLS-SEM 的检验与 CB-SEM 检验相似，均包括测量模型的检验和结构模型的检验。测量模型的检验包括信度检验和效度检验。信度即量表的可靠性和稳定性，是关于同一现象重复测度的结果稳定性和一致性（Camines 和 Zeller，1979），是指与潜在变量的实际分数的方差比例（德威利斯，2004）。传统的测验观点认为，利用一套计量尺度测度某一现象，若测度分数真实地反映此现象，则可称为真实分数。但通常测验工具无法实现精准的测度，测验工具所测得的观察分数为真实分数与误差分数之和。信度可认为是真实分

---

① 图4-1中，ZSYC1~ZSYC5分别对应附录4中知识溢出的题项1~题项5；DQYNL1~DQYNL5分别对应附录4中大企业辐射力的题项1~题项5；QYGX1~QYGX10分别对应附录4中关系质量题项1~题项10；XSNL1~XSNL8分别对应附录4中吸收能力题项1~题项8；ZSZY1~ZSZY3分别对应附录4中知识转移题项1~题项3；JSKJ1~JSKJ3分别对应附录4中技术空间题项1~题项3。

② SmartPLS 软件的试用版可通过 http：//www.smartpls.de 的授权获得。

数的方差与观察分数的方差比例。真实分数难以测度,但误差分数可以估计,因此,可根据误差分数计算信度。信度估计常用方法包括再测信度、复本信度、折半信度、内部一致性信度①。内部一致性信度常用计算方法有 K-L 信度和 Cronbach α 信度系数法,其中,K-L 信度适用于二分题项的信度估计方法,Cronbach α 信度系数法既可用于二分题项,也可用于其他各类型的测量尺度。内部一致性信度通常等价于 Cronbach α 信度(德威利斯,2004)②。一套题项的分数的可变性源于两方面,潜在变量的实际变化和误差,α 为整体变化中作为潜在变量实际变化的比例。Cronbach α 信度系数法公式如下:

$$\alpha = \frac{k}{k-1}\left[1-\left(\frac{题项方差之和}{方差与协方差之和}\right)\right]$$

式中,k 为量表中题项的总数。Cronbach α 值越高,可靠性和稳定性越强。关于 α 值判断标准,不同方法论学者持不同的观点,本书赞同 Henson (2000) 的观点,认为量表 α 值大于 0.8 信度非常好,介于 0.70~0.80 较好,介于 0.63~0.70,是可以接受的最小值(韩明华,2011)。

SmartPLS2.0.M3 软件的运行结果显示了各潜在变量的 Cronbach α 信度系数,如表 4-4 所示。潜在变量 DQYNL、QYGX、JSKJ、XSNL 的 Cronbach α 值均高于 0.8,信度非常高;潜在变量 ZSYC、ZSZY 的 Cronbach α 值分别为 0.769521 和 0.724398,信度较好。由此可见,6 个潜在变量的信度较好,具有较好的可靠性。

---

① 再测信度是指将一个测验在同一群受测者身上前后施测两次,然后求取两次测验分数的相关系数作为信度的指标。复本信度是指测量工具有两个内容相似的复本,令同一群受试者同时接受两种复本测验,两个版本测验得分的相关系数。折半信度与复本信度非常相似,也是求取两个复本间的相关。内部一致性系数是指直接计算测验题目内部之间的一致性,作为测验信度。

② 内部一致性信度通常等价于 Cronbach α 信度的原因有三:首先,Cronbach α 信度被广泛应用;其次,Cronbach α 信度的公式更符合信度的定义,更具有不证自明的特点;最后,Cronbach α 信度的计算所隐含的逻辑为信度提供了一个可靠的基础(德威利斯,2004)。

表 4-4　34 题项 PLS-SEM 测量模型检验结果

	AVE	Composite Reliability	Cronbachs Alpha	Communality	Redundancy
DQYNL	0.737439	0.933481	0.911080	0.737439	
QYGX	0.821068	0.978656	0.975806	0.821068	0.127328
JSKJ	0.733414	0.891900	0.822075	0.733414	
XSNL	0.708225	0.950883	0.941237	0.708225	0.078772
ZSYC	0.528168	0.845717	0.769521	0.528168	0.366303
ZSZY	0.614615	0.826943	0.724398	0.614615	0.042185

SmartPLS2.0.M3 的运行结果提供了另一种测度内部一致性信度的方法——复合信度。复合信度是基于多元相关平方的测度信度，由 Fornell 和 Larker 于 1981 年提出。复合信度公式如下：

$$CR = \frac{\left(\sum_t \pi_{rt}\right)^2}{\left(\sum_t \pi_{rt}\right)^2 + \sum_t (1 - \pi_{rt}^2)}$$

式中，t 表示潜在变量指标个数，π_{rt} 表示第 r 个潜在变量第 t 个指标的因子负荷。复合信度的判断标准，本书遵循 Nunnally 和 Bernstein（1994）的观点，复合信度应该高于 0.70，低于 0.60 被认为是缺乏可靠性的，若进行探索性研究，介于 0.60~0.70 也是可以接受的（Hair 等，2011）。SmartPLS 2.0.M3 的运行结果显示，潜在变量 DQYNL、QYGX、XSNL 的复合信度均高于 0.90；潜在变量 JSKJ、ZSYC、ZSZY 的复合信度均高于 0.80。由此可见，6 个潜在变量的复合信度非常好。此外，PLS-SEM 还需检验指标信度，指标信度检验保证具有高信度的测验工具测量的是单一维度，即指标和潜在变量间存在显著的线性等价关系。

本书采用 Hulland（1999）和 Hair 等（2011）的观点，因子载荷高于 0.70，指标信度较好，介于 0.40~0.70 的指标需要考虑将其删除，低于 0.40 的题项则必须删除。因子载荷高于 0.70 表示潜在变量能够解释观测变量 50%

以上的方差。如表4-5所示，本书的测量模型的多数因子载荷都介于0.725082~0.937017，仅观测变量ZSYC4和ZSYC5的因子载荷分别为0.544628、0.686018，低于0.70。在实际应用中，测量模型总会出现几个题项的因子载荷低于0.7，新增题项或新开发的量表更是如此（Hulland，1999）。因此，本书的测量模型出现2个题项的因子载荷较低，属于正常现象，是可以理解的。导致因子载荷较低的原因有三：其一，题项的不准确措辞；其二，不合适的题项；其三，题项应用于不合适的环境（Hulland，1999）。第一个原因可能导致较低的可靠性；第二个原因可能导致较差的效度；第三个原因可能导致题项应用于不适宜的环境。

表4-5　34题项PLS-SEM测量模型的因子载荷

	DQYNL	QYGX	JSKJ	XSNL	ZSYC	ZSZY
DQYNL1	0.815080					
DQYNL2	0.857312					
DQYNL3	0.868422					
DQYNL4	0.874249					
DQYNL5	0.877147					
QYGX1		0.893921				
QYGX2		0.898439				
QYGX3		0.876371				
QYGX4		0.849757				
QYGX5		0.931202				
QYGX6		0.916824				
QYGX7		0.915211				
QYGX8		0.918660				
QYGX9		0.937017				
QYGX10		0.920339				
JSKJ1			0.837114			
JSKJ2			0.875127			

续表

	DQYNL	QYGX	JSKJ	XSNL	ZSYC	ZSZY
JSKJ3			0.856526			
XSNL1				0.861010		
XSNL2				0.896198		
XSNL3				0.897047		
XSNL4				0.796380		
XSNL5				0.811737		
XSNL6				0.883618		
XSNL7				0.800760		
XSNL8				0.775542		
ZSYC1					0.725082	
ZSYC2					0.855092	
ZSYC3					0.785287	
ZSYC4					0.544628	
ZSYC5					0.686018	
ZSZY1						0.744326
ZSZY2						0.803779
ZSZY3						0.802348

题项 ZSYC4 因子载荷过低的原因有二：一方面，可能是题项的表述方式过于学术化，导致企业问卷填写人出现理解偏差；另一方面，可能是本书调研的大企业语言化隐性知识较少或语言化隐性知识溢出到中小企业的较少。题项 ZSYC5 的因子载荷为 0.686018，略低于 0.70。而且，ZSYC5 是知识溢出量表中唯一测度显性知识溢出的题项，显性知识较隐性知识更易溢出和测度，题项 ZSYC5 隶属于潜在变量 ZSYC 具有较合理的理论支持①。因

---

① Cool 等（1989）认为，在 PLS-SEM 模型中，如果一个题项的因子载荷低于 0.70，但该题项具有合理的理论支持，可以保留该题项。

此，本书选择暂时保留 ZSYC5、删除 ZSYC4，重新构建 33 题项的 PLS-SEM 路径图，重新进行模型估计。33 题项的测量模型检验结果如表 4-6 和表 4-7 所示，6 个潜在变量的 Cronbach α 值均高于 0.70，复合信度均高于 0.80，且题项 ZSYC5 的因子载荷为 0.725415，通过指标信度检验，其他各题项的因子载荷也均高于 0.70。由此可见，33 题项 PLS-SEM 测量模型通过信度检验，具有较高的可靠性和稳定性。

表 4-6 33 题项 PLS-SEM 测量模型检验结果

	AVE	Composite Reliability	Cronbachs Alpha	Communality	Redundancy
DQYNL	0.737290	0.933436	0.911080	0.737290	
QYGX	0.821109	0.978662	0.975806	0.821109	0.127081
JSKJ	0.734908	0.892618	0.822075	0.734908	
XSNL	0.708477	0.950941	0.941237	0.708477	0.079264
ZSYC	0.605994	0.859838	0.782769	0.605994	0.397252
ZSZY	0.610494	0.824368	0.724398	0.610494	0.042686

表 4-7 33 题项 PLS-SEM 测量模型的因子载荷

	DQYNL	QYGX	JSKJ	XSNL	ZSYC	ZSZY
DQYNL1	0.815773					
DQYNL2	0.858967					
DQYNL3	0.866878					
DQYNL4	0.873228					
DQYNL5	0.877004					
QYGX1		0.893616				
QYGX2		0.898823				
QYGX3		0.876820				
QYGX4		0.850032				

续表

	DQYNL	QYGX	JSKJ	XSNL	ZSYC	ZSZY
QYGX5		0.931214				
QYGX6		0.916870				
QYGX7		0.915034				
QYGX8		0.918628				
QYGX9		0.936757				
QYGX10		0.920221				
JSKJ1			0.841822			
JSKJ2			0.884498			
JSKJ3			0.844822			
XSNL1				0.861583		
XSNL2				0.896515		
XSNL3				0.897085		
XSNL4				0.796079		
XSNL5				0.811237		
XSNL6				0.883628		
XSNL7				0.799788		
XSNL8				0.777612		
ZSYC1					0.752421	
ZSYC2					0.833591	
ZSYC3					0.797958	
ZSYC5					0.725415	
ZSZY1						0.735123
ZSZY2						0.795143
ZSZY3						0.811680

效度即有效性，是确定每个观测变量是否收敛于对应的潜在变量，以及量表是否可以区别出不同特质的观测变量（Anderson 和 Gerbin，1988），换

言之，是涉及一个变量对一套题项的影响程度，涉及此变量是否是题项共变的潜在原因（德威利斯，2004）。许多学者对效度进行了不同阐释和分类，目前，广泛被采用的分类是遵从传统解释的阐释。根据传统的解释，效度是从一个量表得以构建的方式、预测特定事件的能力，或者与其他结构的测量直接的关系推断出来的，据此，效度可分为内容效度、准则效度和结构效度三类（德威利斯，2004）①。

在 PLS-SEM 中，通过信度检验后，效果测量模型（Reflective Measurement Modle）需要进行评估收敛效度和判别效度。收敛效度和区分效度属于结构效度，都是为了确定题项与潜在变量的相关性，即每个观测变量是否收敛于相应的潜在变量，以此衡量测量模型的适用性。有的学者选择内部一致性信度作为收敛效度的衡量指标（Hulland，1999）。本书赞同 Hair 等（2011）的观点，将内部一致性信度作为衡量信度的指标，而将提取的平均方差值（AVE）作为衡量收敛效度的指标。若 AVE 值高于 0.50，潜在变量能够解释超过 50% 观测变量方差，模型通过收敛效度检验。如表 4-8 所示，6 个潜在变量的 AVE 均高于 0.60，测量模型通过收敛效度检验。区分效度是收敛效度的互补方法，区分效度用来判断一个观测变量是否属于其对应的潜在变量，还是其他潜在变量。评估区分效度的常用方法有两种，Fornell-Larcker 准则和交叉载荷。Fornell-Larcker 准则假设，相对于其他潜在变量而言，与观测变量相对应的潜在变量更能解释其观测变量的方差，即潜在变量的 AVE 值应高于其与其他潜在变量的相关系数的平方。交叉载荷是指观测变量的因子载荷高于它所有的交叉载荷。如表 4-8 所示，在 33 题项的 PLS-SEM 测量模型中，各潜在变量的 AVE 值均大于潜在变量间的相关系数平方值，符合 Fornell-Larcker 准则假设。并且，观测变量的因子载荷均高于它所有的交叉载荷，如表 4-9 所示。由此可见，33 题项的 PLS-SEM 测量模型能够通过区分效度检验。

---

① 内容效度是指题项对有关内容或行为范围取样的适当性。准则效度又称预测效度，是指测验分数与效度标准的一致程度。结构效度是指测验结果体现构念与测验值之间的对应程度。

第4章 产业创新网络中的大企业知识溢出实证分析

表4-8 各潜在变量AVE值与相关系数平方值比较

	DQYNL	QYGX	JSKJ	XSNL	ZSYC	ZSZY
DQYNL	**0.7372900**					
QYGX	0.1601809	**0.821109000**				
JSKJ	0.0948726	0.019126337	**0.7349080**			
XSNL	0.1264336	0.008112965	0.0127500	**0.7084770**		
ZSYC	0.6914787	0.306688902	0.0124572	0.1702883	**0.6059940**	
ZSZY	0.0908227	0.028958169	0.0212221	0.0013428	0.1293143	**0.6104940**

注：表内在对角线上、加粗的数为对应潜在变量的AVE值，其他表格内的数值为两潜在变量的相关系数平方值。

表4-9 各观测变量的交叉载荷

	DQYNL	QYGX	JSKJ	XSNL	ZSYC	ZSZY
DQYNL1	0.815773	0.340275	-0.140542	0.369935	0.740405	0.293787
DQYNL2	0.858967	0.323586	-0.285579	0.422243	0.774045	0.314077
DQYNL3	0.866878	0.451431	-0.226475	0.193208	0.694147	0.253506
DQYNL4	0.873228	0.260989	-0.336067	0.234539	0.653814	0.209652
DQYNL5	0.877004	0.331386	-0.351034	0.274251	0.683236	0.202296
QYGX1	0.393628	0.893616	0.189456	0.085114	0.534251	0.156640
QYGX2	0.339460	0.898823	0.101456	0.029701	0.477111	0.160892
QYGX3	0.306289	0.876820	0.142272	0.011578	0.422881	0.110040
QYGX4	0.243694	0.850032	0.327334	-0.013203	0.367343	0.120531
QYGX5	0.318292	0.931214	0.130082	0.038760	0.444071	0.119863
QYGX6	0.304256	0.916870	0.241141	0.080255	0.490113	0.138669
QYGX7	0.413903	0.915034	0.072537	0.084673	0.528473	0.182422
QYGX8	0.414738	0.918628	0.031087	0.139390	0.533581	0.169767
QYGX9	0.404342	0.936757	0.055261	0.169462	0.555261	0.186808
QYGX10	0.417648	0.920221	0.060569	0.123685	0.588740	0.168589
JSKJ1	-0.251192	0.168509	0.841822	0.150415	-0.073025	-0.147722

续表

	DQYNL	QYGX	JSKJ	XSNL	ZSYC	ZSZY
JSKJ2	-0.275740	0.089664	0.884498	0.105904	-0.101954	-0.112696
JSKJ3	-0.262630	0.112352	0.844822	0.051307	-0.105641	-0.121323
XSNL1	0.218233	0.108616	0.279612	0.861583	0.257643	-0.058620
XSNL2	0.268715	0.035747	0.045730	0.896515	0.279466	-0.157689
XSNL3	0.360515	0.064028	-0.015838	0.897085	0.389143	-0.022442
XSNL4	0.253831	0.002884	0.081766	0.796079	0.307537	-0.073941
XSNL5	0.304746	0.060688	0.032875	0.811237	0.350376	-0.016345
XSNL6	0.293617	0.091645	0.184017	0.883628	0.335503	0.014111
XSNL7	0.421883	0.109406	-0.004307	0.799788	0.458612	0.058154
XSNL8	0.129680	0.136163	0.327568	0.777612	0.295131	-0.066243
ZSYC1	0.555194	0.280671	-0.004184	0.314432	0.752421	0.260897
ZSYC2	0.760412	0.308559	-0.212926	0.316068	0.833591	0.409724
ZSYC3	0.737591	0.406584	-0.094336	0.412272	0.797958	0.144982
ZSYC5	0.505880	0.733672	-0.009493	0.234283	0.725415	0.304443
ZSZY1	0.130970	0.133424	0.055500	0.035976	0.172817	0.735123
ZSZY2	0.147474	0.169984	0.036072	0.036572	0.249450	0.795143
ZSZY3	0.338670	0.114148	-0.279175	-0.096068	0.353794	0.811680

4.3.3 中介变量的检验

若一个变量能够解释自变量和因变量之间的关系，则它起到了中介作用，可称之为中介变量，即考虑自变量 X 对因变量 Y 的影响，如果 X 通过影响变量 M 来影响 Y，则称 M 为中介变量，如图 4-2 所示（罗胜强、姜嬿，2008；温忠麟等，2004）。研究中介变量的目的在于根据现有理论中的某些关系基础，探寻关系的内部作用机制，因此，中介变量具有两个重要作用：一是整合已有的研究或理论；二是解释关系背后的作用机制（罗胜强、姜

�，2008）。中介变量可分为两种情况，完全中介变量和部分中介变量。完全中介变量是指引入中介变量 M 后，自变量 X 对因变量 Y 的直接影响 c 显著为 0，X 对 Y 的影响完全通过 M 传递。部分中介变量是指引入中介变量 M 后，自变量 X 对因变量 Y 的直接影响 c 显著降低，但不为 0。

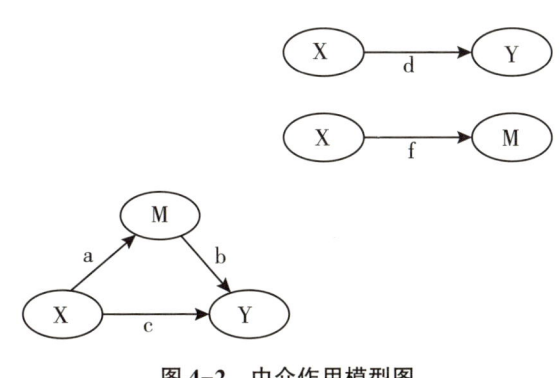

图 4-2 中介作用模型图

4.3.3.1 中介变量检验方法一：传统的 Baron 和 Kenny（1986）方法

检验中介变量的方法很多，研究者应用最多的方法是由 Baron 和 Kenny 提出的。Baron 和 Kenny（1986）基于统计方法学提出了中介变量的完整的概念体系和检验程序，其中，中介变量的判断是利用三个回归方程式检验四个条件是否成立（邱皓政、林碧芳，2009；罗胜强、姜嬿，2008）。

三个回归方程式如下：

$$Y = w_1 + dX + \varepsilon_1 \quad (4-1)$$

$$M = w_2 + fX + \varepsilon_2 \quad (4-2)$$

$$Y = w_3 + cX + bM + \varepsilon_3 \quad (4-3)$$

四个检验条件如下：第一，自变量 X 的变化能够显著地解释因变量 Y 的变化，即式（4-1）中 X 的系数 d 的估计值具有统计显著性。第二，自变量 X 的变化能够显著地解释中介变量 M 的变化，即式（4-2）中 X 的系数 f 的估计值具有统计显著性。第三，同时考虑自变量 X、中介变量 M 对因变量 Y 的影响时，中介变量 M 具有统计显著性，即式（4-3）中 M 的系数 b 的估计值具有统计显著性。第四，同时考虑自变量 X、中介变量 M 对因变量 Y 的影响时，自变量 X 对因变量 Y 的影响显著下降，或为 0，即 b<<d，或 b=0。当 b<<d，且 b≠0 时，M 为部分中介变量；当 b=0 时，M 为完全中介变量。

根据 Baron 和 Kenny（1986）方法，本书首先构建了因变量 ZSYC 与自变量 DQYNL 的模型（模型1）。其次分别构建了自变量 DQYNL 与三个中介变量 XSNL、HEGX、ZSZY 的三个模型（模型2、模型3、模型4）。再次将三个中介变量分别引入因变量 ZSYC 与自变量 DQYNL 的模型，构建三个仅包含一个中介变量的模型（模型5、模型6、模型7）。最后将三个中介变量一起引入因变量 ZSYC 与自变量 DQYNL 的模型，构建包含三个中介变量的模型8。SmartPLS2.0.M3 软件结果报告显示，自变量 DQYNL 能够显著地解释因变量 ZSYC 的变化，满足第一个检验条件；自变量 DQYNL 能够显著地解释中介变量 XSNL、HEGX、ZSZY，满足第二个检验条件；无论是仅包含一个中介变量的模型，还是包含三个中介变量的模型，每个中介变量都对因变量 ZSYC 具有显著的解释能力，满足第三个检验条件；而自变量 DQYNL 对因变量 ZSYC 的影响都显著降低且不为 0（见表4-10）。由此可知，三个中介变量 XSNL、HECX、ZSZY 均为部分中介变量。

表 4-10　基于 Baron 和 Kenny（1986）方法的中介变量判定

	包含变量	路径	T 值	模型解释
模型 1	DQYNL ZSYC	DQYNL→ZSYC	33.002210	自变量对因变量影响
模型 2	DQYNL XSNL	DQYNL→XSNL	7.465569	自变量对中介变量影响
模型 3	DQYNL ZSZY	DQYNL→ZSZY	4.834958	自变量对中介变量影响
模型 4	DQYNL HEGX	DQYNL→QYGX	7.070346	自变量对中介变量影响

续表

	包含变量	路径	T值	模型解释
模型5	DQYNL ZSYC XSNL	DQYNL→ZSYC	23.388980	控制中介变量 XSNL
		XSNL→ZSYC	2.376974	
模型6	DQYNL ZSYC ZSZY	DQYNL→ZSYC	4.579102	控制中介变量 ZSZY
		ZSZY→ZSYC	2.997431	
模型7	DQYNL ZSYC QYGX	DQYNL→ZSYC	19.603874	控制中介变量 QYGX
		QYGX→ZSYC	6.133604	
模型8	DQYNL ZSYC XSNL ZSZY QYGX	DQYNL→ZSYC	14.614714	控制三个中介变量
		QYGX→ZSYC	7.009538	
		XSNL→ZSYC	4.365386	
		ZSZY→ZSYC	3.862502	

4.3.3.2　中介变量检验方法二：检验 H_0：$ab=0$

中介变量的检验方法很多，且存在较大争议，MacKinnon 等（2002）用 Monte Carlo 模拟测验了 14 种中介变量的方法，他们认为，Baron 和 Kenny（1986）方法统计功效较低，并建议直接检验假设 H_0：$ab=0$。若 $a=0$ 或 $b=0$，则原假设成立，变量 M 不是自变量 X 和因变量 Y 的中介变量；若 $ab \neq 0$，则拒绝原假设，变量 M 是自变量 X 和因变量 Y 的中介变量。目前，有多种不同的检验 H_0 的统计量，本书选择 Sobel（1982）的 z 检测统计量公式如下（MacKinnon 等，2002）：

$$z = \frac{ab}{\sqrt{a^2 s_b^2 + b^2 s_a^2}}$$

式中，a、b 分别为图 4-2 所示的路径系数，s_a、s_b 分别为 a、b 的标准误差。在 33 题项的 PLS-SEM 测量模型中，变量 XSNL、ZSZY、QYGX 的 z 统计量分别为 3.553734、2.996604 和 4.78839，均在 1% 显著水平下拒绝原假设，三个变量都是中介变量，如表4-11所示①。

表4-11 变量 XSNL、ZSZY 和 QYGX 的 z 统计量

变量	a	b	s_a	s_b	z
XSNL	0.355575	0.156095	0.058267	0.035708	3.553734
ZSZY	0.301368	0.134480	0.062373	0.035204	2.996604
QYGX	0.400226	0.246905	0.063559	0.033486	4.788390

中介作用意味着一个因果链，中介变量由自变量引起，并影响因变量的变化（Kenny、Kashy 和 Bolger，1998，转引自罗胜强、姜嬿，2008）。在验证中介变量之前，需要检验因果关系是否成立。目前，很多研究收集的数据都是同一时间点，无法判断变量之间的因果关系，导致中介变量的检验存在诸多争议。在无法用统计方法验证因果关系的情况下，成熟的理论可以构建可信的因果关系（罗胜强、姜嬿，2008）。本书自变量 DQYNL 与因变量 ZSYC 因果关系的提出基于第2章分析，具有一定的理论基础，加之，本章使用两种不同的中介变量检验方法都支持三个中介变量的存在。

4.3.4 PLS-SEM 模型拟合优度与路径系数显著性检验

前两节采用多种信度检验方法，删除了指标信度较低的题项 ZSYC4，保留的33个题项具有较高的可靠性和稳定性；通过收敛效度检验和区分效度检验，验证了模型中各观测变量与潜在变量之间具有较高匹配性；运用不同统计方法验证了三个中介变量存在的合理性。通过前文的检验验证了结构模

---

① 由于因变量 YSYC、自变量 DQYNL 及三个中介变量可能不服从标准正态分布，z 统计量可能也不服从正态分布。MacKinon 等（2002）重新修订了临界值，临界值表可通过以下网址获得，http://www.public.asu.edu~davidpmriplmethods.htm。

第4章 产业创新网络中的大企业知识溢出实证分析

型的合理性、有效性，本书借助 SmartPLS2.0.M3 软件，获得 33 题项 PLS-SEM 结构模型的估计结果。

PLS-SEM 结构模型的检验主要包括结构模型的拟合优度和路径系数显著性检验。PLS-SEM 的目标在于根据外生变量解释内生变量，因此，拟合优度 R^2 需要较高水平。R^2 判断标准在不同研究领域存在较大差异，在消费者行为研究领域，R^2 高于 0.2，模型就被视为拟合较好，在市场营销研究领域，认为 R^2 低于 0.25 拟合优度较差，拟合较好的模型 R^2 应高于 0.75（Hair 等，2011）。本书采用市场营销研究领域的标准，R^2 高于 0.75 的模型拟合较好。而三个中介变量 XSNL、ZSZY、QYGX 的 R^2 值分别为 0.126、0.091、0.160，均小于 0.25，为较差的拟合优度。这说明了大企业辐射力不能作为解释三个中介变量的主要原因，这进一步验证了变量 XSNL、ZSZY、QYGX 是大企业辐射力 DQYNL 和知识溢出 ZSYC 的中介变量。本书 33 题项的模型中内生变量 ZSYC 的 R^2 值为 0.787，具有较高的拟合优度，模型中其他潜在变量对内生潜在变量 ZSYC 的解释能力较强。

结构模型的路径系数的显著性是通过自展程序（Bootstrapping Procedure）估计得到的。PLS-SEM 不假设数据服从正态分布，偏最小二乘应用非参数自展（Nonparametric Bootstrapping）。自展程序从原样本中随机地提取样本，构建较大样本容量的自展样本（Bootstrapping Samples），自展样本个数通常大于 5000。PLS 算法根据较大样本容量的自展样本估计结构方程的路径系数的显著性。路径系数显著性的判断可以通过 t 值检验，t 大于 1.65，路径系数在 10% 显著水平下不为 0，t 大于 1.96，在 5% 显著水平下不为 0，t 大于 2.58，在 1% 显著水平下不为 0。本书 33 题项模型中，共有 8 条路径，8 条路径系数的 t 值如表 4-12 所示。其中，仅控制变量 JSKJ 的 t 值较低，仅为 1.244，其他 7 条路径系数的 t 值均大于 3.875。

表 4-12 路径系数及其显著性

路径	DQYNL→QYGX	DQYNL→XSNL	DQYNL→ZSZY	DQYNL→ZSYC
路径系数	0.400226 ***	0.355575 ***	0.301368 ***	0.654508 ***
t 值	6.407431	6.201846	4.512523	15.119810
路径	QYGX→ZSYC	JSKJ→ZSYC	XSNL→ZSYC	ZSZY→ZSYC
路径系数	0.246905 ***	0.057805	0.156095 ***	0.134480 ***
t 值	7.220987	1.244398	4.399681	3.874774

注："***"表示在 1% 显著水平下显著,"**"表示在 5% 显著水平下显著,"*"表示在 10% 显著水平下显著（双尾）。

4.3.5 实证结果

本书通过问卷调查的方式对辽宁省不同创新网络的 240 家企业进行调研,获取 182 个有效样本。本书以这些有效样本为研究对象,在创新网络中的大企业知识溢出相关理论研究的基础上,构建了以知识溢出为内生潜在变量,大企业辐射力为外生潜在变量,知识转移、关系质量、吸收能力为中介变量的 PLS-SEM 模型。信度检验、效度检验、中介变量检验,以及结构模型检验确保了实证研究结果的有效性和合理性。借助 SmartPLS2.0.M3 软件,本书获得了潜在变量之间的路径系数,以及潜在变量的因子载荷,如图 4-3 所示。

实证研究的主要结论如下：

结论一,产业创新网络中的大企业知识溢出量表的编制具有一定有效性,仅个别题项尚需完善。通过在辽宁多个产业创新网络中的正式施测和 PLS-SEM 模型的检验可知,知识溢出量表的开发具有一定的合理性和有效性,可作为产业创新网络中的知识溢出的测度工作。PLS-SEM 模型检验结果显示,在 34 题项的 PLS-SEM 模型中,仅题项 ZSYC4 未通过指标信度检验,其他题项均通过各项检验。尽管在新编制的量表中出现指标信度低的题

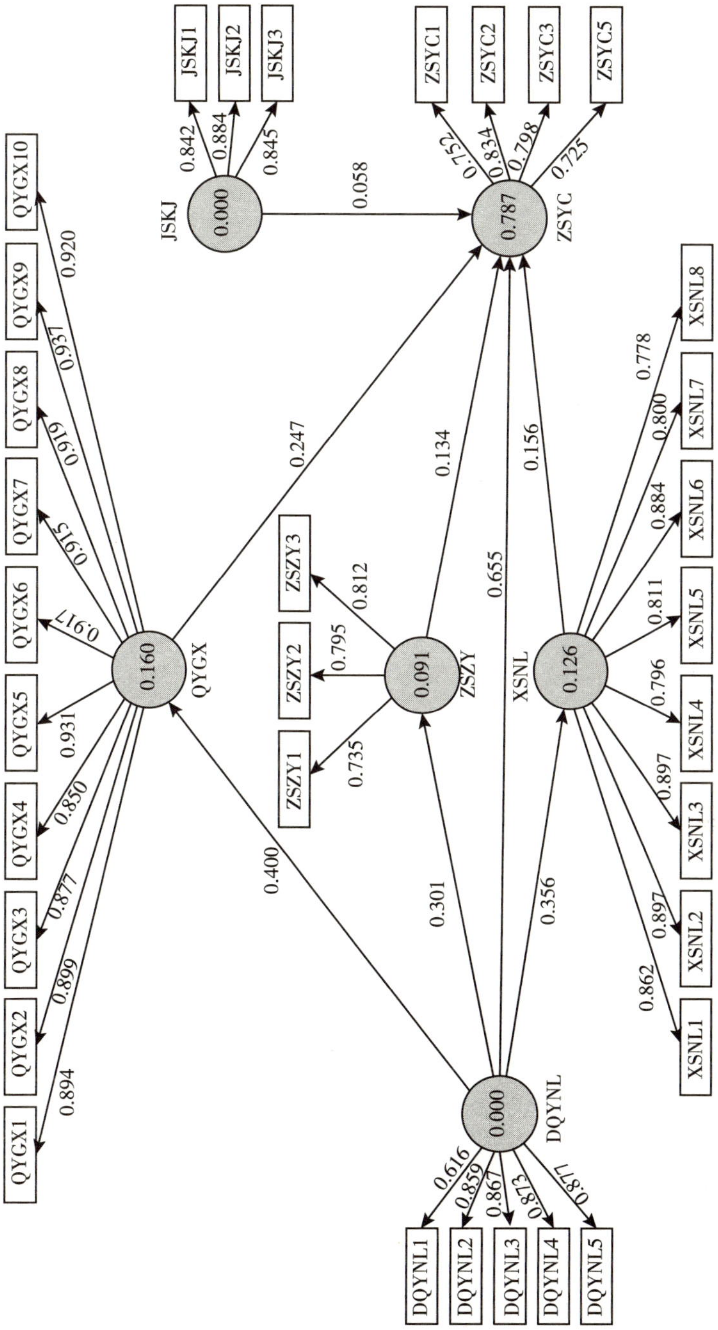

第4章 产业创新网络中的大企业知识溢出实证分析

图4-3 模型的路径系数与因子载荷

项是很常见的现象（Hair 等，2011），但题项 ZSYC4 较低的指标信度说明，此题项的编制尚存在一定问题，知识溢出量表有待进一步完善和维护。

结论二，假设 H1 得到实证结果的支持。大企业辐射力 DQYNL 与知识溢出 ZSYC 具有稳健的直接影响，与假设 H1 的理论预期相符。两变量之间的路径系数在 1% 显著水平下显著，且系数高达 0.655，此路径系数是模型中路径系数最大的。大企业辐射力对知识溢出的直接影响较大，间接影响较小。

结论三，实证结果支持了假设 H2a 和假设 H2b。潜在变量 XSNL 是内生变量 ZSYC 和外生变量 DQYNL 的第一个中介变量，与假设 H2a 和假设 H2b 的理论预期相符。本书运用两种统计方法验证了变量 XSNL 是中介变量，实证结果显示，外生变量 XSNL 对此中介变量影响显著，影响系数为 0.356，而此中介变量对内生变量 ZSYC 的影响系数为 0.156。外生变量 DQYN 通过中介变量 XSNL 对内生变量 ZSYC 的间接效应为 0.0555[①]。

结论四，实证结果支持了假设 H3a 和假设 H3b。潜在变量 ZSZY 是内生变量 ZSYC 和外生变量 DQYNL 的第二个中介变量，与假设 H3a 和假设 H3b 的理论预期相符。外生变量 XSNL 对中介变量 ZSZY 影响显著，影响系数为 0.301，而中介变量 ZSZY 对内生变量 ZSYC 的影响系数为 0.134。外生变量 DQYN 通过中介变量 XSNL 对内生变量 ZSYC 的间接效应为 0.0403。

结论五，实证结果支持了假设 H4a 和假设 H4b。潜在变量 ZSZY 是内生变量 ZSYC 和外生变量 DQYNL 的第三个中介变量，与假设 H4a 和假设 H4b 的理论预期相符。外生变量 XSNL 对中介变量 QYGX 影响显著，影响系数为 0.400，而中介变量 QYGX 对内生变量 ZSYC 的影响系数为 0.247。外生变量 DQYNL 通过中介变量 QYGX 对内生变量 ZSYC 的间接效应为 0.0988。在外生变量 DQYNL 对内生变量 ZSYC 的间接效应中，中介变量 QYGX 的中介效应最大，中介变量 XSNL 次之，中介变量 ZSZY 最小。外生变量 DQYNL 对

---

① X 对 Y 间接效应的强度 = a×b，其中，a、b 为图 4-2 中的路径系数。

第4章 产业创新网络中的大企业知识溢出实证分析

内生变量 ZSYC 的整体效应如表 4-13 所示。

表 4-13 外生变量 DQYNL 整体效应

外生变量 DQYNL	内生变量 ZSYC	控制变量 JSKJ	内生变量 ZSYC
直接效应	0.6550***	直接效应	0.058
间接效应（QYGX）	0.0988***	间接效应	
间接效应（ZSZY）	0.0403***	间接效应	
间接效应（XSNL）	0.0555***	间接效应	
整体效应	0.8496***	整体效应	0.058

注："***"表示在1%显著水平下显著，"**"表示在5%显著水平下显著，"*"表示在10%显著水平下显著（双尾）。

结论六，控制变量对模型影响不显著。控制变量 JSKJ 对内生变量 ZSYC 的影响不显著，且其路径系数较低，仅为 0.058。

结论七，QYGX、ZSZY、XSNL 三个中介变量的拟合优度较低，分别为 0.16、0.091、0.126。这表明，外生变量 DQYNL 对三个中介变量的解释力较差，QYGX、ZSZY、XSNL 仅是中介变量，而不可视为内生变量。

综上所述，研究假设的检验结果具体如表 4-14 所示。

表 4-14 研究假设的实证结果

序号	假设内容	实证结果
H1	产业创新网络中的大企业辐射力促进大企业向中小企业的知识溢出	支持
H2a	产业创新网络中的大企业辐射力对中小企业的吸收能力具有正向影响	支持
H2b	产业创新网络中的中小企业吸收能力促进大企业向中小企业的知识溢出	支持
H3a	产业创新网络中的大企业辐射力对企业间的关系质量具有正向影响	支持
H3b	产业创新网络中的关系质量促进大企业向中小企业的知识溢出	支持
H4a	产业创新网络中的大企业辐射力对企业间的知识转移具有正向影响	支持
H4b	产业创新网络中的知识转移促进大企业向中小企业的知识溢出	支持

4.4 大企业辐射力直接作用的 PLS 模型

上文通过 PLS-SEM 模型证明了产业创新网络中大企业辐射力对大企业向中小企业的单向知识溢出具有直接作用和间接作用。在本节中,本书构建了大企业辐射力直接作用的 PLS 模型,深入讨论了大企业辐射力的直接作用,大企业辐射力不同方面对不同类型知识溢出观的影响程度及其差异。

4.4.1 知识溢出的主成分模型

在大企业辐射力直接作用的 PLS 模型中,知识溢出的四个观测变量为被解释变量,大企业辐射力的五个观测变量为解释变量[①]。为了确保被解释变量在 PLS 模型中的拟合具有合理性,首先需要构建知识溢出的主成分模型,对被解释变量进行分析。运用前两个主成分拟合方法,知识溢出的主成分模型的结果显示,在第一主成分中知识溢出四个题项存在正向相关;第二主成分中题项 ZSYC3 和 ZSYC5 正相关,ZSYC1 和 ZSYC2 负相关,如图 4-4 所示。

4.4.2 PLS 模型检验和拟合结果

本书以知识溢出四题项(除题项 ZSYC4 之外的四题项)为被解释变量,以大企业辐射力五个题项为解释变量,构建大企业辐射力直接作用的 PLS

---

① 知识溢出中的题项 ZSYC4 未通过指标信度检验,因此未纳入 PLS 模型中。

第4章 产业创新网络中的大企业知识溢出实证分析

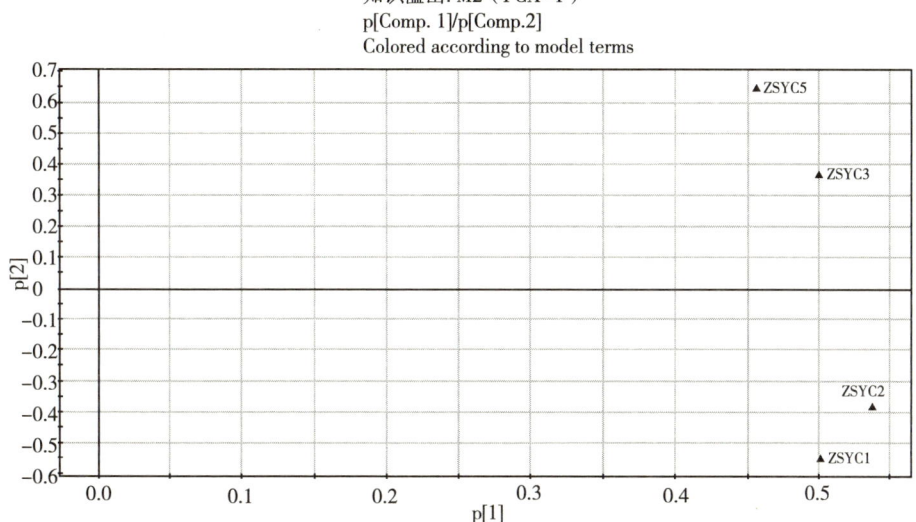

图 4-4 知识溢出主成分模型的因子载荷

模型,用以深入分析大企业辐射力各观测变量对不同类型知识溢出的影响差异。本书运用 SIMCA-P 11.5 软件对模型进行拟合,拟合后通过大企业辐射力各观测变量的主成分散点图可知,样本中存在特异点①。在排除 17、19、27、33、37、49、62、64 等特异点后重新拟合,各样本点解释变量在前两个主成分的坐标系中分别均匀,且不存在特异点(见图 4-5)②。将被解释变量的第一主成分 u_1 与解释变量的第一主成分 t_1 作图可知,二者之间存在着明显的正向关系(见图 4-6)。

通过上述 PLS 模型的分析可知,大企业辐射力直接作用的 PLS 模型的构建具有一定合理性,其拟合结果有效。根据 PLS 模型的拟合结果,本章获得另外两个结论。

结论八,在大企业辐射力直接作用中,解释变量的重要性依次为

---

① SIMCA-P 软件由 Umetrics 公司开发,主要用于主成分分析(PCA)和偏最小二乘(PLS)回归。
② t_1 表示解释变量的第一主成分,t_2 表示解释变量的第二主成分;在解释变量的主成分的散点图中,若有样本点落在 T^2 之外,表明此样本点为特异点,应予以排除。

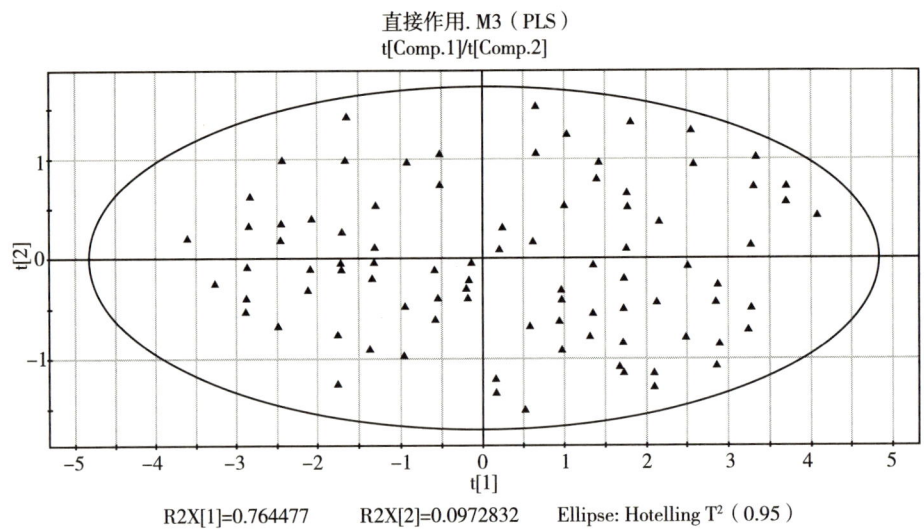

图 4-5　排除特异点后的解释变量主成分散点图

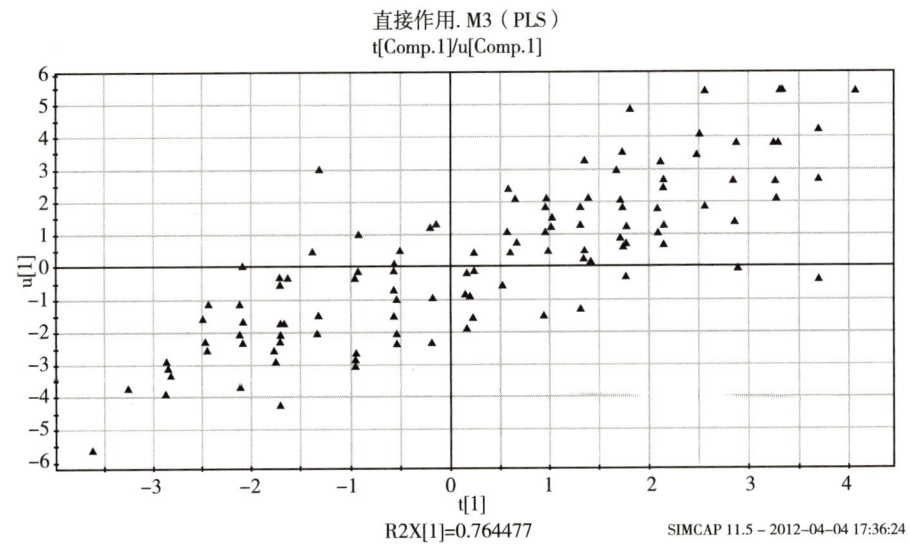

图 4-6　解释变量与被解释变量第一主成分散点图

DQYNL2、DQYNL1、DQYNL5、DQYNL4、DQYNL3，其中，DQYNL2 和 DQYNL1 的 VIP 值大于 1 具有显著的重要性，而其他观测变量的 VIP 值也接

近于1[①]。

结论九，大企业辐射力直接作用中，DQYNL1 对四种类型的知识溢出影响作用显著，其余四个解释变量根据影响程度排序依次为，DQYNL2、DQYNL3、DQYNL5、DQYNL4。其中，仅 DQYNL4 对 ZSYC1 的影响为负向影响，其他皆为正向影响，如图 4-7 所示。

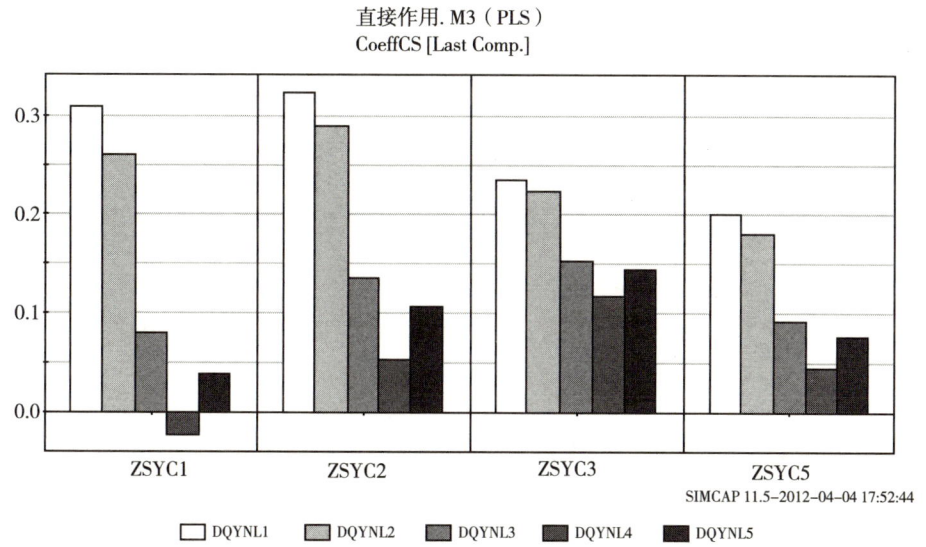

图 4-7　大企业辐射力不同方面对不同类型知识溢出的直接影响差异

4.5　实证结果讨论

本章运用 PLS-SEM 方法构建的产业创新网络知识溢出实证模型讨论了

[①] 解释变量的 VIP 值大于 1 表示，解释变量为"重要"的解释变量；小于 0.5，表示解释变量"不重要"；介于 0.5~1，为"灰色地带"。本书中，解释变量 DQYNL5、DQYNL4、DQYNL3 的 VIP 值分别为 0.992、0.954、0.947。

辽宁产业创新网络中的大企业辐射力对知识溢出的直接和间接作用，并用 PLS 方法深入分析了大企业辐射力对知识溢出直接作用的影响差异，进而在一定程度上对第 2 章的理论框架进行了实证支持，同时检验了第 3 章中所开发的量表。本章实证分析共得出如下几点结论：

第一，关于产业创新网络中的大企业知识溢出量表的编制。量表的编制是一项极富挑战性的工作，编制知识溢出量表更是如此。正如野中郁次郎所说，隐性知识的量化存在较大的风险①，而且知识溢出的有效测量更为困难。合理地量化隐性知识、测量隐性知识的溢出成为知识溢出量表编制的重点和难点。本书基于 Castillo（2002）的观点，将隐性知识分为四种类型（非书面化隐性知识、社会和文化隐性知识、语言化隐性知识、睿智），分别测量不同类型隐性知识的溢出情况。产业创新网络中的大企业知识溢出量表的编制流程合理、规范，正式施测的模型检验结果显示，量表开发具有一定合理性和有效性，为创新网络中的知识溢出测度提供了可靠的测度工具。但作为新编制的量表尚未进行大规模的施测，难免存在一定问题。在本章实证分析部分，测度语言化隐性知识的题项 ZSYC4 未通过指标信度检验而被删除。究其原因，本书认为存在两方面的可能：一方面，题项 ZSYC4 的语言过于学术化，造成企业问卷填写人出现理解偏差；另一方面，题项 ZSYC4 代表的语言化隐性知识在本书所调研的产业创新网络中可能溢出比较困难，或调研的产业创新网络中大企业的语言化隐性知识存量很少。

第二，关于大企业辐射力对知识溢出的直接作用。PLS-SEM 模型实证结果显示，大企业辐射力对产业创新网络中大企业向中小企业的知识溢出的直接影响显著，且路径系数最大。此结果与第 2 章的理论假设一致，进而说明了中国在现阶段的发展过程中，大企业不仅发挥了稳定经济、维护国家产业安全等作用，而且承担了中国在技术追赶过程中发挥知识扩散中心的作用，向其创新网络中的中小企业传播较为先进的知识和技术。

---

① 此观点源于野中郁次郎在 1998 年的一次会议报告，本书转引自 Castillo, J. A note on the concept of tacit knowledge [J]. Journal of Management Inquiry, 2002 (11): 46-57.

第4章 产业创新网络中的大企业知识溢出实证分析

同时,大企业辐射力直接作用PLS模型实证结果显示,在辽宁多个产业创新网络中,大企业的创新能力和规模生产能力是影响大企业单向知识溢出的重要因素。这表明辽宁产业创新网络中的合作创新活动仍不积极,大企业与中小企业间的合作对于知识溢出的影响略低于大企业创新能力和规模生产能力的影响。通过大企业辐射力不同方面对不同类型知识溢出的直接影响差异可知,非书面化隐性知识溢出受大企业研发能力和规模生产能力影响较大,而受大企业辐射力其他方面影响较小。值得注意的是,题项DQYNL4为较弱的负向影响,这说明大企业不愿意主动地向中小企业传授非书面化隐性知识。企业文化隐性知识溢出受大企业研发能力和规模生产能力影响最大,受大企业关系纽带作用和大企业影响创新方向的影响较大,而受大企业愿意向中小企业传授知识和技术的影响较小。这表明与大企业关系密切的中小企业会学习大企业的企业文化,知识转移意愿对于企业文化隐性知识的溢出影响较小。大企业核心知识溢出受大企业研发能力和规模生产能力影响最大,受其他三方面影响次之。相对于前两种隐性知识溢出,大企业核心知识溢出受大企业研发能力和规模生产能力影响相对较小,而受大企业辐射力其他三方面的影响较为明显。这表明大企业核心知识溢出尤为困难,尽管大企业辐射力的存在使得大企业被动地向中小企业进行知识溢出,但大企业为了维护自身的核心竞争力会尽可能地防止核心知识溢出。相对于隐性知识溢出,大企业显性知识溢出受大企业辐射力的影响最小,这缘于显性知识的可编码性。由此可见,大企业辐射力对于隐性知识溢出更为重要。

第三,关于大企业辐射力对知识溢出的间接作用。正如第2章理论部分对三个中介影响因素的假设,大企业辐射力可通过三个中介影响因素对知识溢出产生间接影响,本章实证部分支持了这些假设。三个中介影响因素中,关系质量的间接影响最大,吸收能力次之,知识转移的间接影响最小,这说明辽宁产业创新网络中的企业关系质量对于知识溢出较为重要。关系质量是创新网络中企业间交流的基础,良好的关系质量是企业间合作创新的前提,是企业间知识流动的保障。良好关系质量能够促进大企业与中小企业间的深度交流、合作。深度交流和合作增加了企业间的人才与知识的流动，一方面增加了中小企业获得更多外部知识的机会；另一方面为中小企业提供了优秀的技术人才，提高了中小企业吸收能力。良好的关系质量增强了企业间的信任，更好地促进了创新网络的发展，加强了企业间的合作创新，也加强了大企业向中小企业的知识转移，进而增加了大企业向中小企业的知识溢出。中小企业的吸收能力对于知识溢出和知识转移都具有积极的影响。吸收能力较强的中小企业能够更好地判断知识的价值，更容易地理解和消化所获取的知识，因此，吸收能力的中介效应高于知识转移的中介效应。

第四，技术空间对于知识溢出未产生显著影响。这与量表编制前的深度调研结果不相符。技术空间测度了大企业与中小企业间的技术差异性，由三个观测变量测度。通过样本数据的描述性统计分析，这三个观测变量偏态较高，且三者的峰值差距较大。这说明，在182个样本企业中部分企业与其产业创新网络中的大企业属于同一行业，而另一部分企业与其产业创新网络中的大企业属于配套企业，这可能导致技术空间对知识溢出未产生显著影响。

4.6　本章小结

本书在辽宁省经济和信息化委员会的协助下，对辽宁省多个产业创新网络的240家企业进了问卷调研，并获得了182个有效样本。以此样本为分析对象，本书构建了产业创新网络大企业知识溢出的 PLS-SEM 模型和大企业辐射力直接作用的 PLS 模型。模型实证结果显示：

首先，量表开发合理、有效，可作为创新网络知识溢出的测度工具。通过信度和效度检验可知，34 题项的 PLS-SEM 模型仅题项 ZSYC4 未通过指标信度检验，其余信度和效度检验结果均在可接受范围之内。

其次，尽管大型国有企业自身存在涉嫌垄断、低效率等不足之处，但实证研究支持了大企业辐射力对其创新网络内部中小企业的知识和技术提升起到了显著的直接影响,且大企业辐射力对于隐性知识溢出的影响更为显著。其中,大企业研发能力和规模生产能力影响最为显著,这表明辽宁产业创新网络中的创新合作仍不积极。

再次,大企业辐射力尽管不是形成吸收能力、关系质量、知识转移的根本原因,但大企业辐射力促进了其创新网络内部中小企业吸收能力的提升,强化了大企业与中小企业的关系质量,并影响了企业间的知识共享,促进了知识转移。大企业辐射力通过吸收能力、关系质量、知识转移间接影响大企业向中小企业的知识溢出。

最后,技术空间对知识溢出的影响不显著,这可能是未区分合作类型所致。

第5章 产业创新网络中的国有企业知识溢出实证分析

5.1 产业创新网络中的国有企业[①]发展现状

5.1.1 整体比较

从国有企业数量来看，国有企业分布呈现较大差异性，山东、广东国企最多，超过1000家；西藏、海南均未超过100家。辽宁、吉林、黑龙江三省国企数量相对较少，三省中辽宁国企数量最多，但仍未达到全国各地区中位数，吉林数量最少，仅366家（见表5-1）。从规模以上工业企业数量来看，辽宁排名第9，但与江苏、广东、浙江等东南沿海地区差距较大；吉林、黑龙江企业数量较少，均低于中位数。从国有企业数量占规模以上工业企业比重来看，呈现出由东向西阶梯式递增趋势。东南沿海地区国有企业数据较多，且规模以上企业更多，国有企业数量占比相对较小。除北京、上海以外，国有企业数量所占比重较大的地区，其经济与发达省份差距较大。

[①] 国有企业指国有及国有控股企业。

表 5-1 2014 年分地区国有企业与规模以上工业企业规模比较（一）

单位：家，万元，%

	企业单位数			资产总计			流动资产合计			负债合计		
	国企	规模以上工业企业	国企占比	国企	规模以上工业企业	国企占比	国企	规模以上工业企业	国企占比	国企	规模以上工业企业	国企占比
北京	765(7)	3686(25)	20.75(4)	24401(2)	33557(10)	72.71(2)	8089(2)	14042	57.60(3)	12404(4)	17138	72.38(3)
天津	553	5501	10.05	11531	23989	48.07	5071	12762	39.73	7573	14805	51.15
河北	794	14792	5.37	16507	42556	38.79	5239	16379	31.98	10841	24173	44.85
山西	757	3906	9.38	19420(3)	30574	63.52	6560	12098	54.22	14389(2)	22514	63.91
内蒙古	661	4413	14.98	14450	27788	52.00	4208	9744	43.19	9579	17698	54.13
辽宁	624(17)	15707(9)	3.97(24)	17792(7)	39247(7)	45.33(18)	7311(4)	17388(7)	42.04(13)	11885(5)	22770(8)	52.20(14)
吉林	366(27)	5311(18)	6.89(19)	8798(21)	16687(21)	52.72(11)	4109(16)	7286(19)	56.40(5)	5395(21)	9133(22)	59.07(10)
黑龙江	457(25)	4305(21)	10.62(13)	9489(19)	14995(24)	63.28(8)	3541(18)	6229(23)	56.84(4)	5381(22)	8541(24)	63.00(8)
上海	707(13)	9469(13)	7.47(17)	16244(10)	35512(9)	45.74(17)	7347(3)	20583(6)	35.69(19)	7383(15)	17858(11)	41.34(23)
江苏	960(3)	48708(1)	1.97(30)	17764(8)	101260(1)	17.54(30)	6971(6)	53670(1)	12.99(30)	10779(9)	55612(1)	19.38(30)
浙江	723(12)	40841(3)	1.77(31)	9970(18)	64078(4)	15.56(31)	3131(19)	36136(4)	8.66(31)	5601(19)	37663(4)	14.87(31)
安徽	687	17762	3.87	12934	28832	44.86	4419	13007	33.97	8299	16719	49.64
福建	473(24)	16744(7)	2.82(28)	7161(25)	27978(14)	25.60(28)	1886(27)	14190(11)	13.29(29)	4467(25)	15213(15)	29.36(28)
江西	483	8996	5.37	5200	16061	32.37	2402	7143	33.62	3301	8404	39.28
山东	1212(1)	40756(4)	2.97(27)	25645(1)	93331(2)	27.48(26)	9654(1)	43064(3)	22.42(26)	16387(1)	50843(3)	32.23(26)
河南	805(5)	21748(5)	3.70	13622	50540	26.95	5282	22668	23.30	9030	23717	38.08

续表

地区	企业单位数			资产总计			流动资产合计			负债合计		
	国企	规模以上工业企业	国企占比	国企	规模以上工业企业	国企占比	国企	规模以上工业企业	国企占比	国企	规模以上工业企业	国企占比
湖北	742	15957	4.65	14805	32941	44.94	5593	14798	37.79	8779	18193	48.26
湖南	754	13723	5.49	8862	22026	40.23	3834	9379	40.88	5564	11688	47.61
广东	1017[2]	41133[2]	2.47[29]	19325[4]	87590[3]	22.06[29]	7147[5]	50806[2]	14.07[28]	11359[6]	51173[2]	22.20[29]
广西	552	5447	10.13	6192	14226	43.53	2352	6626	35.50	4105	8871	46.27
海南	76	382	19.90[5]	805	2445	32.95	160	984	16.28	393	1318	29.80
重庆	497	6158	8.07	7198	15652	45.98	2701	7175	37.65	4819	9761	49.37
四川	929[4]	13267	7.00	19021[5]	38360	49.59	6100	15900	38.37	12497[3]	23414	53.37
贵州	509	3895	13.07	7354	11747	62.60	2543	4722	53.86	4888	7480	65.34
云南	589	3797	15.51	11746	17458	67.28	3058	5971	51.21	7315	10992	66.55[5]
西藏	25	97	25.77[2]	450	669	67.33[5]	95	177	53.67	158	267	59.24
陕西	742	5081	14.60	18875	26169	72.13[3]	6354	9534	66.64[2]	11144	14936	74.61[2]
甘肃	414	2091	19.80	8536	11348	75.22[1]	2938	4240	69.29[1]	5603	7206	77.76[1]
青海	126	568	22.18[3]	3655	5414	67.51[4]	762	1489	51.17	2541	3691	68.83[4]
宁夏	128	1170	10.94	3357	6976	48.12	718	2624	27.35	2250	4677	48.11
新疆	681	2477	27.49[1]	10197	16771	60.80	2254	4928	45.74	6023	10563	57.03

资料来源：由《中国统计年鉴》（2015）整理而来。

表 5-2 2014年分地区国有企业与规模以上工业企业规模比较（二）

单位：家，万元，%

	主营业务收入			主营业务成本			利润总额			本年应交增值税		
	国企	规模以上工业企业	国企占比	国企	规模以上工业企业	国企占比	国企	规模以上工业企业	国企占比	国企	规模以上工业企业	国企占比
北京	11181[7]	19777[17]	56.54[5]	9763[6]	16699[17]	58.47[3]	937[5]	1516[17]	61.84[6]	314[19]	562[22]	55.89[10]
天津	9006	28383	31.73	7729	24276	31.84	681	2262	30.10	284	992	28.63
河北	10990	47208	23.28	9549	40936	23.33	216	2611	8.29	357	1161	30.77
山西	10329	17801	58.03[3]	8791	15275	57.55[4]	113	256	44.15	392	617	63.56
内蒙古	5939	19557	30.37	4918	16095	30.56	215	1299	16.54	288	769	37.42
辽宁	12780[5]	48802[6]	26.19[21]	10919[5]	42575[6]	25.65[20]	176[25]	2108[13]	8.33[28]	380[10]	1175[9]	32.30[17]
吉林	9065[15]	23313[16]	38.88[13]	7321[16]	19412[16]	37.71[13]	701[8]	1446[18]	48.51[11]	371[12]	655[20]	56.60[9]
黑龙江	6555	13407[23]	48.90[8]	4819[21]	10733[23]	44.90[9]	632[10]	1007[22]	62.80[4]	402[7]	555[23]	72.58[4]
上海	14081[4]	35474[12]	39.69[12]	11245[4]	29125[12]	38.61[12]	1409[1]	2650[6]	53.17[9]	503[5]	915[16]	54.99[12]
江苏	15149[3]	141956[2]	10.67[31]	12866[3]	122438[2]	10.51[31]	843[6]	9057[1]	9.30[27]	652[3]	4634[1]	14.06[31]
浙江	9297[14]	64372[5]	14.44[29]	7885[14]	54934[5]	14.35[29]	543[11]	3729[5]	14.57[23]	353[14]	1844[4]	19.12[28]
安徽	9696	36838	26.32	8301	31708	26.18	318	1944	16.36	318	991	32.04
福建	4742[26]	37097[10]	12.78[30]	4029[26]	31768[10]	12.68[30]	223[21]	2344[9]	9.51[26]	187[26]	1077[11]	17.39[29]
江西	6237	31078	20.07	5540	27270	20.32	253	2130	11.86	171	1014	16.86
山东	22255[1]	143140[1]	15.55[27]	18718[1]	125137[1]	14.96[28]	1209[2]	8844[2]	13.67[24]	835[2]	4023[2]	20.75[26]
河南	11012	68037	16.18	9558	58960	16.21	280	4946[4]	5.65	372	1711[5]	21.75

第5章 产业创新网络中的国有企业知识溢出实证分析

续表

	主营业务收入			主营业务成本			利润总额			本年应交增值税		
	国企	规模以上工业企业	国企占比	国企	规模以上工业企业	国企占比	国企	规模以上工业企业	国企占比	国企	规模以上工业企业	国企占比
湖北	11853	41401	28.63	9611	34843	27.58	702	2403	29.23	488	1217	40.05
湖南	6903	33489	20.61	5424	27738	19.55	289	1688	17.09	342	1248	27.38
广东	17804[2]	115451[3]	15.42[28]	14797[2]	97844[3]	15.12[27]	1081[4]	7015[3]	15.41[22]	1027[1]	3431[3]	29.92[22]
广西	5645	18917	29.84	4796	16051	29.88	210	1086	19.33	314	689	45.67
海南	361	1757	20.55	248	1424	17.42	70	113	61.95[5]	26	65	39.37
重庆	5020	18689	26.86	4082	15833	25.78	338	1230	27.49	224	720	31.08
四川	9989	38064	26.24	8100	31963	25.34	485	2237	21.68	389	1297	30.00
贵州	3831	8656	44.26	2813	6733	41.78	317	629	50.47	200	359	55.57
云南	5789	10358	55.89	4128	8044	51.32	312	516	60.46	349	473	73.78[2]
西藏	49	117	41.46	51	88	57.21[5]	−5	13	−37.10	2	8	19.84
陕西	11157	19525	57.14[4]	8326	15134	55.02	1152[3]	1877	61.37	613[4]	949	64.63
甘肃	7365	9275	79.40[1]	6476	8138	79.58[1]	173	243	71.00[2]	205	239	85.80[1]
青海	1157	2247	51.50	904	1875	48.20	85	106	79.71[1]	59	82	71.89[5]
宁夏	1588	3527	45.03	1303	3022	43.12	57	118	48.08	72	103	70.24
新疆	5867	9321	62.94[2]	4399	7298	60.28[2]	492	732	67.29[3]	294	404	72.66[3]

资料来源：由《中国统计年鉴》（2015）整理而来。

从国有企业资产总计看，山东第1、北京第2，均超过2万亿元；东北地区中，辽宁、黑龙江、吉林排名分别为第7、第19、第21。辽宁、吉林单位企业资产数量较高，分别排名第3、第7。从规模以上工业企业资产总计来看，江苏、山东、广东、浙江等东南沿海省份排名靠前；辽宁、黑龙江、吉林排名分别为第7、第21、第24。从规模以上工业企业资产总计中的国有企业占比看，东南沿海地区比重较小，中西部地区比重较大。对比发现，黑龙江、陕西、山西、甘肃等地国有企业属于资本密集型行业。

从国有企业流动资产合计看，山东第1，北京第2，东南沿海地区排位较靠前；辽宁第4，吉林第16，黑龙江第18。从规模以上工业企业流动资产合计来看，江苏第1，广东第2，东南沿海地区排名靠前；辽宁排名第7，吉林第19，黑龙江第24。从规模以上工业企业流动资产合计中的国有企业占比来看，中西部地区靠前，北京排名第2，东南沿海地区靠后；黑龙江、吉林分别为第4、第5，辽宁为第13。

从国有企业负债合计看，山东第1，山西第2，四川第3，北京第4；辽宁第5，吉林第21，黑龙江第22；东南沿海地区排名分布较为分散，广东第6，江苏第9，上海第15，浙江第21，福建第25。从规模以上工业企业负债合计来看，江苏、广东、山东、浙江分列第1～第4名；辽宁第8，吉林第22，黑龙江第24。从规模以上工业企业负债合计中的国有企业占比来看，中西部省份排名靠前，甘肃第1，陕西第2；北京第3；黑龙江、吉林、辽宁分列第8、第10、第14；东南沿海地区排名靠后，上海第23，山东第26，福建第28，广东第29，江苏第30，浙江第31。

从国有企业主营业务收入看，东南沿海地区排名靠前，山东第1，广东第2，江苏第3；辽宁排名第5，吉林第15，黑龙江第19。从规模以上工业企业主营业务收入来看，东南沿海排名靠前，山东第1，江苏第2，广东第3；辽宁排名第6，吉林第16，黑龙江第23。从规模以上工业企业主营业务收入中的国有企业占比来看，东南沿海地区较低，中西部地区较高，尤其甘肃、新疆超过60%；北京国有企业占比较高，超过50%；东北地区由黑龙

第5章　产业创新网络中的国有企业知识溢出实证分析

江至辽宁占比逐渐降低，黑龙江达到48.90%，吉林38.88%，辽宁26.19%。东南沿海地区在绝对数上排名靠前、占比靠后，这表明与其他地区相比，尽管东南沿海国有企业占有优势，而民营企业发展得更好，尤其是江苏、福建民营企业发展得更好。

从国有企业主营业务成本看，东南沿海地区排名靠前，山东第1，广东第2，江苏第3；辽宁排名第5，吉林第16，黑龙江第21。从规模以上工业企业主营业务成本来看，东南沿海排名靠前，山东第1，江苏第2，广东第3；辽宁排名第6，吉林第16，黑龙江第23。从规模以上工业企业主营业务成本中的国有企业占比来看，东南沿海地区较低，中西部地区较高，东北地区由黑龙江至辽宁占比逐渐降低。主营业务成本高低与主营业务收入高低正相关。

从国有企业利润总额看，东南沿海地区排名靠前，上海第1，山东第2，广东第4；东北地区中吉林排名第8，黑龙江第10，辽宁第25。与排名靠前的国有企业主营业收入相比，辽宁国有企业利润总额过低；吉林国有企业数量较少、主营业务收入排名居中，而利润总额排名却很好。从规模以上工业企业利润总额来看，东南沿海地区排名靠前，江苏第1，山东第2，广东第3；东北地区中辽宁排名第13，吉林第18，黑龙江第22。这表明东北地区中辽宁民营经济发展较好，较大程度弥补了其国有经济利润过低；而吉林和黑龙江两省国有经济发展较好，民营经济发展较弱。从规模以上工业企业利润总额中的国有企业占比来看，中西部地区排名靠前，青海第1，甘肃第2，新疆第3，均超过65%；东南沿海地区，排序较为靠后；东北地区中黑龙江比值较高，排名第4，吉林第11，辽宁第28。辽宁、河南、河北低于东南沿海地区，主要缘于三省的国有企业利润总额较低，且辽宁高于河南、河北，主要缘于其规模以上工业企业的利润总额低于两省。

从国有企业本年应交增值税来看，东南沿海地区排名靠前，广东第1，山东第2，江苏第3；东北地区中黑龙江排名第7，辽宁第10，吉林第12。从规模以上工业企业本年应交增值税来看，东南沿海地区排名靠前，江苏第1，山东第2,广东第3;东北地区中辽宁排名第9,吉林第20,黑龙江第23。由此可见,相对于其他地区,黑龙江、吉林两省国有企业应交增值税较多,而非国有企业应交增值税较少。从规模以上工业企业本年应交增值税中的国有企业占比来看,西部地区排名较高,甘肃第1,云南第2,新疆第3;东北地区中黑龙江排名第4,吉林第9,辽宁第17;东南沿海地区排名靠后。由此可见,东南沿海地区非国有经济具有较强实力;东北地区中吉林、黑龙江非国有经济较弱,辽宁非国有经济好于吉林、黑龙江,但弱于东南沿海地区。

从国有企业总资产贡献率来看,吉林第1,黑龙江第2,上海第3,广东第4,浙江第6,陕西第10,辽宁第25。结合国有企业流动资产周转次数来看,浙江第1,广东第5,吉林第10,黑龙江第21,辽宁与陕西并列第23(见表5-3)。这表明东北地区中,吉林流动资产贡献率较高,黑龙江非流动资产贡献率较高,而辽宁流动资产和非流动资产贡献率均较低,辽宁呈现高资产、低利润的特征。本书研究发现,辽宁产业发展呈现"非优势加强"效应。辽宁国有企业投资倾向于易于增加利税总额和主营业务收入的产业,而非易于增加利润总额的产业。

表5-3 2014年分地区国有企业经济效益指标

地区	总资产贡献率(%)		资产负债率(%)		流动资产周转次数(次/年)		工业成本费用利润率(%)		人均主营业务收入(万元/人)	
	国企	规模以上工业企业	国企	规模以上工业企业	国企	规模以上工业企业	国企	规模以上工业企业	国企	规模以上工业企业
北京	6.92[27]	7.70[27]	50.83[28]	51.07[28]	1.41[30]	1.44[29]	8.72[7]	7.97[7]	223.22[3]	169.37[a]
天津	11.28	15.73	65.67	61.72	1.93	2.31	7.64	8.39[4]	217.96[5]	169.44[1]
河北	6.77	11.33	65.67	56.80	2.25	2.98	1.92	5.77	121.76	121.31
山西	5.07	5.19	74.09[1]	73.64[1]	1.63	1.51	1.08	1.44	86.74	84.75
内蒙古	6.27	9.94	66.29	63.69[4]	1.44	2.03	3.72	7.17	119.77	152.29[4]
辽宁	7.78[25]	11.89[20]	66.80[5]	58.02[15]	1.80[23]	2.85[10]	1.41[29]	4.52[28]	123.99[17]	128.84[9]
吉林	18.15[1]	17.04[3]	61.32[20]	54.73[22]	2.33[10]	3.28[4]	8.21[8]	6.54[16]	156.04[11]	154.22[3]
黑龙江	17.76[2]	15.41[9]	56.70[26]	56.96[18]	1.91[21]	2.20[18]	11.35[3]	8.34[5]	88.26[28]	99.87[24]

续表

地区	总资产贡献率（%）		资产负债率（%）		流动资产周转次数（次/年）		工业成本费用利润率（%）		人均主营业务收入（万元/人）	
	国企	规模以上工业企业	国企	规模以上工业企业	国企	规模以上工业企业	国企	规模以上工业企业	国企	规模以上工业企业
上海	17.51[3]	12.99[17]	45.45[30]	50.29[29]	1.99[18]	1.77[26]	11.02[4]	7.92[8]	324.31[1]	143.51[7]
江苏	12.73[13]	15.87[6]	60.68[21]	54.92[21]	2.31[11]	2.71[11]	5.72[16]	6.71[15]	206.72[6]	123.66[12]
浙江	14.87[6]	11.33[21]	56.17[27]	58.78[13]	3.11[1]	1.83[25]	6.16[14]	6.01[22]	283.78[2]	89.06[26]
安徽	8.83	13.15	64.16	57.99	2.25	2.87	3.43	5.60	113.84	109.82
福建	11.00[19]	15.02[11]	62.37[18]	54.37[24]	2.56[4]	2.64[13]	5.03[19]	6.74[14]	193.55[7]	85.49[27]
江西	12.53	22.69[1]	63.49	52.32	2.62[2]	4.37[1]	4.23	7.37	171.09	124.08
山东	12.29[16]	16.85[4]	63.90[15]	54.48[23]	2.40[8]	3.37[3]	5.68[17]	6.54[17]	142.81[13]	149.52[6]
河南	9.28	15.78	66.29	46.93	2.17	3.03	2.57	7.83	88.88	98.63
湖北	13.42	14.93	59.30	55.23	2.20	2.85	6.31	6.14	147.55	109.24
湖南	15.52[5]	19.05[2]	62.79	53.07	1.88	3.62[2]	4.54	5.47	115.72	99.94
广东	15.61[4]	13.97[14]	58.78[25]	58.42[14]	2.55[6]	2.31[15]	6.46[12]	6.42[18]	221.26[4]	78.51[30]
广西	14.67	16.51[5]	66.29	62.36	2.46	2.91	3.91	6.10	157.16	111.76
海南	14.24	11.07	48.77	53.92	2.34	1.84	23.79[1]	6.96	134.54	150.84[5]
重庆	11.55	15.37	66.96[4]	62.36	1.92	2.65	7.01	6.97	121.12	101.96
四川	8.13	12.49	65.70	61.04	1.68	2.43	5.13	6.26	112.16	101.25
贵州	12.47	13.00	66.47	63.68[5]	1.54	1.86	9.51	8.03	85.11	84.52
云南	14.50	12.32	62.28	62.96	2.07	1.84	5.88	5.30	140.67	103.84
西藏	-0.26	3.56	35.16	39.96	0.52	0.68	-8.02	11.09[1]	46.47	59.26
陕西	13.96	14.75	59.04	57.08	1.80	2.08	12.02[2]	10.94[2]	120.20	103.85
甘肃	9.77	8.75	65.64	63.49	2.55[5]	2.22	2.45	2.73	162.16	135.21
青海	7.44	6.48	69.51[2]	68.17[2]	1.63	1.57	7.51	4.80	93.95	103.82
宁夏	7.85	5.89	67.03[3]	67.04[3]	2.24	1.38	3.84	3.43	120.75	104.32
新疆	13.49	10.95	59.07	62.98	2.65[2]	1.95	9.74[5]	8.66[3]	142.76	123.89

资料来源：由《中国统计年鉴》（2015）数据整理而来。

从国有企业资产负债率看，西部地区排名靠前，山西第1，青海第2，宁夏第3；东北地区中辽宁排名第5，吉林第20，黑龙江第26；东南沿海地区排名靠后，江苏第21，广东第25，上海第30，山东第15。

从国有企业工业成本费用利润率看,西部地区排名靠前,陕西第2,新疆第5,贵州第6。东北地区中黑龙江第3,吉林第8,辽宁第29。辽宁排名靠后,缘于其较高的主营业收入和成本、较低的利润总额,这凸显了辽宁国有企业销售利润率低的特征。

从国有企业人均主营业务收入看,东南沿海地区排名靠前;东北地区中吉林第11,辽宁第17,黑龙江第28。辽宁国有企业主营业务收入较高,而人均值较低,这表明辽宁生产率较低。黑龙江人均值排名较低,也反映出黑龙江生产率低。东南沿海地区规模以上工业企业主营业务收入排名靠前,人均主营业务收入排名则显著下降。这表明东南沿海地区企业员工较多。东北地区中吉林规模以上工业企业人均主营业务收入排名第3,这表明吉林人均生产率较高。

5.1.2 分行业比较

5.1.2.1 东北三省分行业国有企业主营业务收入纵向分析

2009~2014年辽宁各行业国有企业的主营业务收入可分为三个梯队。2009~2010年第一梯队超过2000亿元,包括黑色金属冶炼及压延加工业和石油加工、炼焦及核燃料加工业。第二梯队超过1000亿元,包括交通运输设备制造业和电力、热力的生产和供应业。第三梯队低于1000亿元。2011年开始,分别统计汽车制造业和铁路、船舶、航空航天和其他运输设备制造业。第二梯队仅有电力、热力的生产和供应业。2014年汽车制造业主营业务收入超过1000亿元进入第二梯队(见表5-4)。辽宁石油加工、炼焦及核燃料加工业的国有企业在2009~2011年增速较快,2011年后增长乏力,2013年甚至出现了负增长。辽宁黑色金属冶炼及压延加工业国有企业在2009~2011年增速较快,2012~2014年呈现连续负增长,尤其在2012年下降速度较快。除了2013年出现负增长外,辽宁电力、热力的生产和供应业

第5章 产业创新网络中的国有企业知识溢出实证分析

国有企业呈现缓慢正增长。辽宁化学原料和化学制品制造业国有企业在2012年开始出现负增长,并于2014年出现快速下滑。

2009~2014年,黑龙江各行业国有及国有控股企业的主营业务收入前十名行业可分为三个梯队。第一梯队仅包括石油和天然气开采业;第二梯队包括石油加工、炼焦及核燃料加工业和电力、热力的生产和供应业;余下为第三梯队(见表5-4)。黑龙江石油和天然气开采业国有企业在2011年开始连续出现了负增长;石油加工、炼焦及核燃料加工业在2011~2014年呈现波动的缓慢增长;电力、热力的生产和供应业虽持续正增长,但在2011年后其增长率逐年降低。

2014年,吉林排名前十的国企可分为两个梯队,第一梯队为汽车制造业,主营业务收入超过5000亿元,余下各行业为第二梯队,第一梯队明显高于第二梯队①。

表5-4 辽宁和黑龙江国有企业分行业排名(2009~2014年)

	2014年		2013年		2012年		2011年		2010年		2009年	
	辽宁	黑龙江	辽宁	黑龙江	辽宁	黑龙江	辽宁	黑龙江	辽宁	黑龙江	辽宁	黑龙江
1	I1	I8	I1	I8	I1	I8	I2	I8	I2	I8	I2	I8
2	I2	I1	I2	I1	I2	I1	I1	I1	I1	I1	I1	I3
3	I3	I3	I3	I3	I3	I3	I3	I3	I4+I5	I3	I4+I5	I1
4	I4	I15	I5	I15	I4	I15	I5	I15	I3	I15	I3	I4+I5
5	I5	I7	I6	I10	I5	I10	I4	I10	I19	I10	I6	I15
6	I6	I10	I7	I12	I19	I19	I19	I4+I5	I6	I4+I5	I19	I7
7	I7	I5	I19	I5	I6	I12	I6	I7	I7	I7	I7	I10
8	I8	I12	I4	I19	I7	I7	I12	I12	I12	I8	I8	I6
9	I9	I19	I8	I7	I8	I5	I10	I19	I10	I19	I10	I19
10	I10	I20	I10	I6	I10	I6	I8	I6	I11	I6	I11	I23

资料来源:由《中国统计年鉴》(2010~2015)数据整理而来。

---

① 《吉林统计年鉴》(2010~2015)仅有2014年国有企业分行业数据。

5.1.2.2 东北三省与东南沿海五省市的分行业横向分析

在东北三省纵向分析基础上,选取辽宁主营业务收入较高的行业,与东南沿海五省市及北京进行横向比较。从各地区规模以上工业企业主营业务收入看,辽宁具有优势的行业,相比于东南沿海地区未具有明显优势,尤其相对于山东、广东,辽宁存在一定差距。从国有企业看,辽宁在石油加工、炼焦和核燃料加工业与黑色金属冶炼和压延加工业存在一定优势,但在电力、热力的生产和供应业与汽车制造业上与其他地区存在一定差距(见图5-1)。值得注意的是,辽宁国有企业在规模以上工业企业中占比较高,而东南沿海地区占比较低(除电力、热力的生产和供应业以外)。

2014年,从东北三省与东南沿海五省市国有企业横向比较来看,辽宁石油加工、炼焦和核燃料加工业比较主营业务收入无论省际间同行业相比,还是省内各行业相比,排名均第1,其资产总计省内排名第4,而利润总额却为-129.5亿元,是辽宁各行业中利润总额最小的。黑龙江、山东、江苏、浙江、福建、广东和全国整体,主营业务收入和资产总计前10行业都有该行业,而利润总额前10中有该行业的地区只有浙江和广东(见表5-5)。从各地区该行业规模以上工业企业利润总额来看,仅山东最高,为177.50亿元,其他地区利润略大于0或小于0。这表明作为资本密集型的石油加工、炼焦和核燃料加工业,虽然在我国具有较大规模,但缺乏盈利能力、不具备竞争优势(见图5-2)。我们考查2009年数据,依然支持此结论。黑色金属冶炼及压延加工业与该行业情况相似。同时,与其他地区相比,辽宁利税总额较高。

2014年,除黑龙江、浙江以外,各地区国有企业主营业务收入和资产总计前10的行业均有汽车制造业。这些地区中,该行业的利润总额排在前4位(除福建外)。这表明我国在该行业具有一定优势,这种优势可能来源于该产业的保护政策。吉林在该行业具有显著优势,从规模以上工业企业指标来看,仅低于上海;从国有企业指标来看,处于绝对领先地位。无论规模

第5章 产业创新网络中的国有企业知识溢出实证分析

以上工业企业,还是国有企业,辽宁主营业务收入和利润总额均较低,但其国有企业利税总额和本年应交增值税均较高。

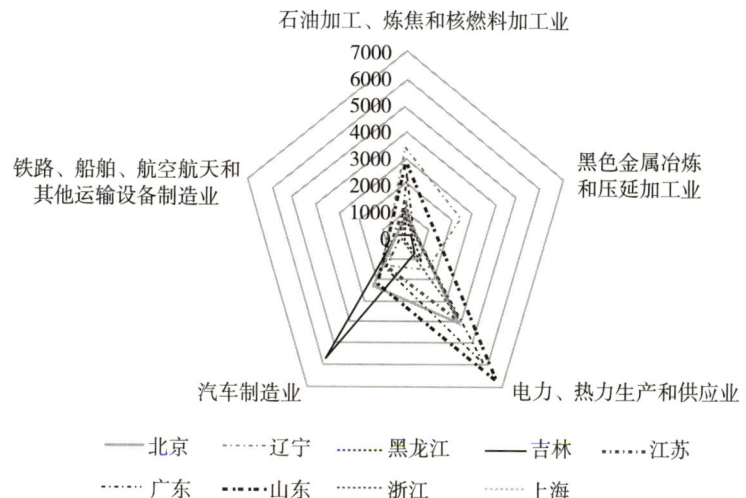

图 5-1 各地区分行业规模以上工业企业和国有企业主营业务收入比较

注:上图为2014年各地区规模以上工业企业主营业务收入,下图为国有企业主营业务收入。
资料来源:由《中国统计年鉴》(2015)数据整理而来。

产业创新网络中的大企业知识溢出研究

表5-5 各地区国有企业各指标排名前10行业比较

单位:%

地区	主营业务收入前10行业	前10行业占比	前5行业占比	前1行业占比	利润总额前10行业	前10行业占比	前5行业占比	前1行业占比	资产总计前10行业	前10行业占比	前5行业占比	前1行业占比
辽宁	I1、I2、I3、I4、I5、I6、I7、I8、I9、I10	89.81	74.90	27.08	I4、I3、I5、I11、I12、I13、I14、I15、I7、I16	180.11	164.70	95.47	I2、I3、I5、I11、I14、I6、I7、I10、I8、I19	87.90	68.35	26.11
黑龙江	I8、I1、I3、I15、I7、I10、I5、I12、I19、I20	89.53	76.05	27.69	I8、I21、I20、I9、I3、I12、I19、I15、I22、I23	89.53	76.05	27.69	I8、I3、I7、I10、I15、I11、I15、I22、I12、I2	87.16	73.03	30.20
吉林	I4、I3、I19、I21、I5、I8、I2、I20、I9、I24	94.40	86.33	62.01	I4、I5、I8、I20、I3、I21、I12、I11、I25、I15	111.61	109.40	97.67	I4、I3、I8、I21、I24、I19、I15、I2、I10、I9	89.94	73.71	37.04
山东	I3、I10、I1、I4、I19、I2、I8、I24、I11、I26	81.39	63.11	25.48	I3、I8、I10、I4、I20、I19、I26、I11、I5、I21	87.28	70.69	23.55	I3、I10、I4、I19、I8、I2、I11、I15、I26、I21	81.04	65.33	24.14
江苏	I3、I19、I4、I1、I7、I23、I11、I15、I2、I15	84.58	65.24	26.77	I3、I4、I23、I7、I11、I5、I27、I28、I29、I30	84.40	67.72	41.16	I3、I19、I7、I11、I31、I15、I4、I23、I2、I6	83.76	62.15	31.16
浙江	I3、I1、I19、I20、I16、I2、I21、I32、I11、I7	89.21	74.49	43.15	I3、I19、I21、I1、I20、I2、I32、I12、I7、I11	92.99	81.64	50.95	I3、I31、I19、I2、I21、I1、I20、I12、I7、I16	85.22	68.48	44.84

·124·

第5章 产业创新网络中的国有企业知识溢出实证分析

续表

地区	主营业务收入前10行业	前10行业占比	前5行业占比	前1行业占比	利润总额前10行业	前10行业占比	前5行业占比	前1行业占比	资产总计前10行业	前10行业占比	前5行业占比	前1行业占比
福建	I3、I1、I2、I24、I20、I4、I16、I5、I11、I19	90.60	77.52	37.30	I3、I24、I20、I16、I11、I12、I5、I21、I33、I7	107.06	96.22	60.15	I3、I1、I24、I2、I20、I19、I31、I11、I4、I16	88.31	75.47	46.11
广东	I3、I1、I11、I4、I23、I24、I19、I20、I2、I16	88.21	76.49	33.73	I3、I23、I4、I11、I20、I16、I21、I7、I12、I1	90.54	80.55	42.60	I3、I11、I23、I1、I31、I4、I20、I2、I19、I16	85.83	73.95	45.14
全国	I3、I4、I1、I2、I10、I24、I19、I8、I20、I11	78.82	57.48	20.26	I3、I4、I8、I20、I28、I10、I21、I11、I5、I23	89.55	77.54	25.63	I3、I10、I2、I4、I19、I8、I24、I11、I5、I11	76.60	58.14	27.17

注：①I1 为石油加工、炼焦和核燃料加工业，I2 为黑色金属冶炼和压延加工业，I3 为电力、热力生产和供应业，I4 为汽车制造业，I5 为铁路、船舶、航空航天和其他运输设备制造业，I6 为专用设备制造业，I7 为通用设备制造业，I8 为石油和天然气开采业，I9 为开采辅助活动，I10 为煤炭开采和洗选业，I11 为计算机、通信和其他电子设备制造业，I12 为化学原料及化学制品制造业，I13 为金属制品业，I14 为黑色金属矿采选业，I15 为农副食品加工业，I16 为燃气生产和供应业，I19 为化学纤维制造业，I20 为烟草制品业，I21 为食品制造业，I22 为电气机械及器材制造业，I23 为酒、饮料和精制茶制造业，I24 为有色金属冶炼和压延加工业，I25 为木材加工和木、竹、藤、棕、草制品业，I26 为有色金属矿采选业，I27 为化学纤维制造业，I28 为酒、饮料和精制茶制造业，I29 为燃气生产和供应业，I30 为仪器仪表制造业，I31 为非金属矿采选业，I32 为橡胶和塑料制品业，I33 为非金属矿物制品业。
②各行业按照指标数值降序排列。

资料来源：由《中国统计年鉴》(2015) 整理而来。

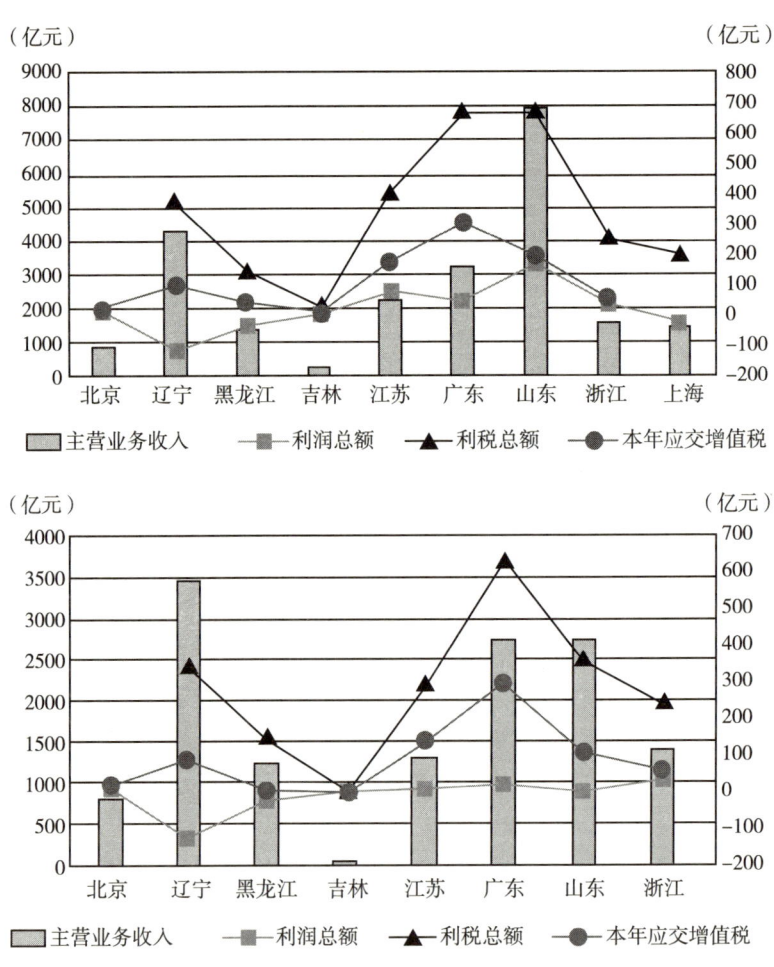

图 5-2　2014年各地区石油加工、炼焦和核燃料加工业比较

注：上图为各地区规模以上企业，下图为各地区国有企业。
资料来源：由《中国统计年鉴》(2015) 整理而来。

除浙江和广东外，2014年各地区国有企业利润总额前10的行业均有铁路、船舶、航空航天和其他运输设备制造业。这表明我国在该行业具有一定竞争优势。从国有企业看，辽宁的主营业务收入、利润总额、利税总额等指标均高于其他地区。从规模以上工业企业来看，辽宁各指标均弱于江苏、山东。这表明辽宁该行业的非国有企业发展弱于东南沿海地区。与其他地区相比，吉林和黑龙江在该行业上存在一定差距。

由表5-5可知，辽宁国有企业利润主要来自前5行业，且汽车制造业利润最高，而其他行业（石油加工、炼焦和核燃料加工业）存在巨额亏损。吉林汽车制造业国有企业在各指标上均高于其他行业，且主营业务收入高于总体的60%，利润总额超过各行业总和的90%。汽车制造业是吉林的支柱产业，且各指标显著高于其他行业。东南沿海地区国有企业各指标排序第1的都是电力、热力的生产和供应业。作为公共事业行业，该行业国有企业与其他行业相比具有绝对优势，这在一定程度上反映了东南沿海地区非国有经济发展较好。东北地区该行业国有企业发展较弱，反映出其非国有经济发展较弱。

5.1.3 中央企业

东北三省中，辽宁中央企业最多，多集中于资本货物、材料能源和运输领域。黑龙江次之，多集中于资本货物、材料、公共事业、能源领域。吉林最少，多集中于汽车、材料和资本货物，如图5-3所示。

从区域分类看，辽宁60家中央企业分布于14个地级市中的11个，其中，沈阳、大连最多，分别拥有20家、18家；行业分布呈现多元化特征。黑龙江的33家中央企业分布于7个城市，其中哈尔滨拥有23家、齐齐哈尔拥有5家；行业分布集中于重化工业。吉林省19家中央企业分布于长春、吉林和通化三个城市；长春12家中央企业中与汽车相关的企业为6家，吉林5家中央企业中与化工相关的企业为4家。从员工数来看，超过5000人的中央企业，辽宁7家（沈阳1家、大连1家、鞍山3家、葫芦岛1家、盘锦1家）、黑龙江8家（哈尔滨7家、齐齐哈尔1家）、吉林4家（长春1家、吉林市1家）。

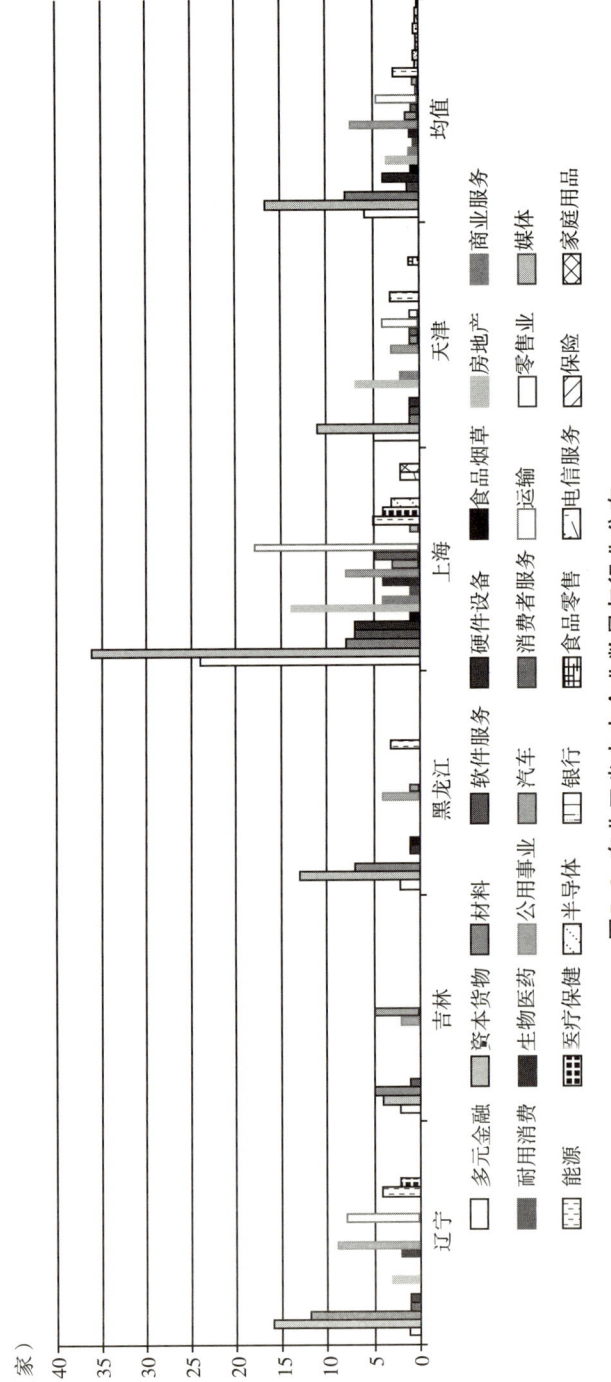

图5-3 东北三省中央企业数量与行业分布

第 5 章 产业创新网络中的国有企业知识溢出实证分析

5.2 产业创新网络中的国有企业知识溢出现象

5.2.1 技术红利

国有企业作为国家政治战略、政策目标、区域目标以及国家层面投资收益回报的实施载体,既承担着社会一般性、公共性服务的稳定供给功能,又是自主经营、承担市场风险的企业主体(Rentsch 和 Finger,2015)。经过几十年的深化改革过程,中国国有企业作为市场公共物品的提供者以及转型时期的"社会福利"的提供者,作为克服"市场失灵"和"政府失灵"的制度安排(刘元春,2001),相比民营企业(很多从国有企业、集体企业演化而来)和外资企业,正在稳步实施和转变其"近似于"资源配置的功能(Ralston 等,2006),推动中国社会经济由不发达的商品经济逐步向较发达的商品经济过渡,使市场机制在社会资源配置中的基础作用越发成熟和凸显(周叔莲,2000)。然而,国内外学者关于国有企业的研究主要停留在国有企业的宏观功能、微观效率以及技术创新外部性层面,国有企业的"技术红利"现象以及国有企业主导的生产、创新体系协同演化尚未引起学者的关注。本章从东北地区国有企业"技术红利"现象的成因、阶段特点和外部效应入手,构建国有企业创新水平通过"技术红利"传导机制影响非国有企业创新水平、盈利能力的分析框架,并运用分层线性方程模型进行分析和探讨。

伴随着中国市场经济改革开放权利与市场、资本与劳动、支配与治理交互连带、限制与转化的发展过程(渠敬东等,2009),国有企业的战略地位和功能不断转变,其主导型的生产、创新体系也在演变,国有企业的"技术红利",既来自国有企业的技术、知识、人才等创新资源,在特定的生产、创新体系中,为非国有企业等潜在使用者不同程度获取的现象,也在"双轨制"约束、完全市场经济和开放市场经济三阶段呈现出不同的特征:

(1) "双轨制"约束下的国企技术扩散(1978~1993年)。在中国计划经济与市场经济双轨运行阶段,国有企业既依托计划经济行政体制进行指令管理和资源调拨,又扩大自主权,从生产、销售和定价方面探寻市场规律(渠敬东等,2015)。以技术、管理人员派遣等方式帮助集体企业、国有企业等构筑生产能力,是这一阶段国有企业"技术红利"现象的特征。

(2) 完全市场经济下的国有企业技术转移(1994~2000年)。1992年,邓小平南方谈话标志着中国进入社会主义市场经济发展阶段,在随后的两权分离、现代企业制度以及国有企业战略布局调整阶段性国企改革(1994)的共同作用下,国有企业和集体企业通过产权转化、转包、分解经营等方式将技术、资产等"转移至"或"转化为"民营企业。这一阶段的国有企业已承担起"技术扩散中心"的功能(刘元春,2001),极大地促进了民营经济的发展。

(3) 开放市场经济下的国有企业技术溢出(2001年至今)。加入WTO后,面临经营、治理和技术的多重压力,国有企业依托与政府的密切关系,能够快速、高效引进技术,实现由技术到产品生产的整合过程(Fisher-Vanden,2003;王伟光等,2015),并承载着"创新孵化器"的功能(王伟光等,2015),通过承担不确定程度较高和外部性较高的创新活动(程强等,2015)和相应的外部性传导机制,构筑以大中型国有企业为核心的生产、创新体系,实现由全球产业价值链低端向中高端的转型和升级。此阶段的国有企业"技术红利"主要表现为以协作为目的的技术溢出。

第一至第二阶段的"技术红利"现象缘于经济体制的转变和国有企业改制的共同作用。第二至第三阶段的"技术红利"现象缘于市场经济下的国有企业预算软约束和道德风险。预算软约束使得国企拥有充足的资金进行人才培养、技术引进和研发,形成国有企业的技术优势。相比非国有企业,国有企业技术溢出的数量更大、范围更广、科技含量更高。因缺乏有效的积极激励机制，所有权和控制权分离的国有企业存在道德风险（Lin等，1998），国有企业管理者和技术人员通过或明或暗的方法实现向非国有企业的技术流动。国有企业"技术红利"的三阶段转变过程，是国有企业知识、技术等差异化的外部性途径与非国有企业等潜在使用者对知识、技术等内部化的不同方式，交互作用、共同促进本地生产、创新体系的结构演化与非国有企业的创新成长、与协作关联的过程，构成了国有企业控制力、非国有企业成长以及产业动态发展的主线。

2012年，受国际金融危机以及中国人口红利等要素优势消失的影响，中国经济由"高速"增长步入"中速"发展的新常态。加之，改革开放近40年，国企"技术红利"的持续释放，老一辈技术人才相继退休，新的中坚型人才断档，上一轮国企改革后积蓄十几年的政策性负担等，国有企业深陷"低效率"、"产能过剩"与"僵尸企业"的问题困局，自身发展困境重重。2015年中央经济工作会议明确提出，"供给侧结构性改革是适应和引领经济发展新常态的主动选择……在适度扩大总需求的同时……提高供给体系质量和效率"。面对新常态下的供给侧结构性改革，国有企业是否依然承载着"技术扩散中心"的功能，不断向非国有企业释放"技术红利"，以提高生产、创新体系的协作水平和关联质量？若存在，其现象背后的传导机制是否发生变化？"技术红利"能否作为政府补贴，即"扶持之手"的另一种互补性工具？围绕上述问题，本章将展开进一步的分析和讨论。

5.2.2 研究假设

知识和技术外部性所产生的经济效益依赖于（a）知识、技术外部性的来源，（b）知识、技术溢出发生的环境，以及（c）知识、技术外部性的潜在使用者三个方面（Antonelli等，2014）。国有企业"技术红利"的持续释放——技术、知识外部性所产生的社会经济效益，显著提高了国有企业的宏观层面效率；但国有企业微观层面的低效率某种程度上也抵消了上述正外部效应的影响（黄险峰、李平，2009）。政策性负担拖累了国有企业发展（Lin 等，1998），降低其经营业绩、股票回报（廖冠民、沈红波，2014）；但也因为政策性负担，国有企业获得的软预算约束（Lin 等，1998）使之形成高于非国有企业的 R&D 风险承受能力，更多地关注基础性、长期性的技术研发和人才培养。在技术引进、R&D 活动、人才培养等方面，国有企业投入了充裕的资金，培养了大量管理人才、技术骨干，并形成一系列的共性技术和关键核心技术。国有企业依托上述有形资本和无形资本优势，极易吸引并聚合大批或紧密或松散的同行业非国有企业，形成以国有企业为核心的社会网络或创新网络（王伟光等，2015）。国有企业与非国有企业以生产合作、R&D 合作、人员离职、技术转移和溢出等形式实现的信息流、技术流和人才流的交换，是国有企业"技术红利"释放的主要途径。在此过程中，非国有企业获得国有企业的相关技术、知识和人才等，或提升其 R&D 能力和 R&D 活动的积极性，或直接作用于生产能力，促进企业利润率的提高。"技术红利"现象若依然存在，则满足如下假设：

H1a：国有企业创新水平促进非国有企业创新水平提升。

H1b：国有企业创新水平促进非国有企业盈利能力提升。

创新被广泛理解为知识产出的产品。从福利经济学视角，创新资源最优配置的决定因素依赖于创新过程的技术属性和知识市场特性（Arrow，1962）。而知识、技术作为经济社会产物，具有有限专用性、无竭尽性（Non-exhaustibility）、有限排他性、不可分割性以及累积性（Cumulability）和互补性等特点（Antonelli 等，2014）。知识、技术的特殊属性使得创新主体无法获取知识、技术所产生的全部收益（杨治等，2015），由此形成的"溢出效应"，也即外部性会导致市场资源配置失灵。补贴作为政府扮演"扶持之手"最直接的手段（Frye 和 Shleifer，1997），能够弥补外部性给企业带来的外溢损失，激励企业创新（宋常、严宏沈，2008）。带有公共品性质的国有企业存在正外部性（陈冬华，2003），能够把技术投资和技术发展作为"半公共品"提供给社会（Rentsch 和 Finger，2015），因而无论在行业层面还是地区层面，国有企业整体上获得比民营企业更高的政府补贴（孔东民等，2013）；更加强化了国有企业对非国有企业的技术、知识外部性。国有企业与政府之间的关系，使之对政府激励的反应更为灵敏，而民营企业决策则较为谨慎（肖志兴等，2013）。因此，政府通过国有企业的"技术红利"释放，加强政府对非国有企业补贴的激励效应。基于此，形成本书的研究假设：

H2a：国有企业创新水平加强政府补贴对非国有企业创新水平的正向影响。

H2b：国有企业创新水平加强政府补贴对非国有企业盈利能力的正向影响。

5.3 产业创新网络中的国有企业知识溢出实证分析

5.3.1 研究模型

为了检验研究假设，本书以不同行业中的非国有企业为研究对象，分析各行业中国有企业创新水平对非国有企业的影响，考查国有企业"技术红利"现象是否存在。因各行业间存在异质性，本书选择分层线性方程模型，以各行业的国有企业特征为层-2分析单位，分析宏观层面各行业国有企业特征对微观层面非国有企业的影响。模型（a）以非国有企业创新水平（FC）为因变量，检验假设1和假设3a；模型（b）以盈利能力（YL）为因变量，检验假设2和假设3b。其中，x1 表示层-1 的自变量，x2 表示层-1

的控制变量，w1 和 w2 表示层-2 的特征变量。

模型（a）：

Level-1：$\quad\quad\quad\quad FC = \beta_0 + \beta_1 x_1 + \beta_2 x_2 + r \quad\quad\quad$ (5-1)

Level-2：$\quad\quad\quad \beta_i = \gamma_{i0} + \gamma_{i1} w_1 + \gamma_{i2} w_2 + u_i \quad i = 0, 1 \quad\quad$ (5-2)

模型（b）：

Level-1：$\quad\quad\quad\quad YL = \beta_0 + \beta_1 x_1 + \beta_2 x_2 + r \quad\quad\quad$ (5-3)

Level-2：$\quad\quad\quad \beta_i = \gamma_{i0} + \gamma_{i1} w_1 + \gamma_{i2} w_2 + u_i \quad i = 0, 1 \quad\quad$ (5-4)

5.3.2 变量设计

参考学者们关于技术创新水平、研发投入的衡量标准（Hansen 和 Hill，1991；李汇东等，2013；吕新军，2014），本书采用研发费用总额与营业收入之比衡量企业创新水平；采用学界一般做法，用净利润与当期营业总收入衡量模型（b）因变量企业盈利能力（徐二明和张晗，2011）；用企业的政府补助与资产总计之比衡量政府补贴。控制变量包括内源融资、外源融资、产品存货、高管报酬，如表 5-6 所示。

表 5-6　模型变量的定义说明

	变量名称	变量符号	变量定义与计算方式
因变量	创新水平	FC	研发费用占营业收入比例，当期研发费用总额与当期营业收入之比
	盈利能力	YL	当期净利润与当期营业收入之比
层-2：国有企业特征	创新水平	S_1	前一期同行业国有企业研发费用总额与前一期营业收入之比的均值
	资产规模	S_2	前一期同行业国有企业资产总计与前一期同行业企业资产总计之和的比值
层-1：自变量	政府补贴	ZFBT	前一期政府补助与前一期资产总计之比

续表

	变量名称	变量符号	变量定义与计算方式
控制变量	内源融资	NYRZ	前一期经营活动产生的现金流量净额与前一期资产总计之比
	外源融资	WYRZ	前一期筹资活动产生的现金流量净额与前一期资产总计之比
	产品存货	CPCH	前一期存货与前一期营业收入之比
	高管报酬	GGBC	当期高管年度报酬总额

5.3.3 样本选取

本书以沪深两市 2010~2014 年，披露企业研发费用的非金融类上市公司为研究样本，剔除 2010 年之后上市的企业，剔除 ST、S 的股票，共涵盖 24 个行业，1229 家企业。其中，行业选择依据证监会颁布的《上市公司行业分类指引》，制造业按照门类中的大类划分，共选取 20 个行业，信息传输、软件和信息技术服务业选取软件和信息技术服务业，以及按照门类划分的 3 个行业，建筑业、农林牧渔业、科学研究和技术服务业。数据主要源于同花顺 iFinD 金融数据库。

5.3.4 实证结果

5.3.4.1 单因素方差分析

本书采用分层线性模型进行回归，依次建立单因素方差分析模型、随机系数模型和完整模型三个模型。本书对变量取对数，将层-2 变量 S_1 和变量 S_2 以总均值对中，将自变量 ZFBT 以组均值对中。首先构建单因素方差分析模型，单因素方差分析是令模型（a）、模型（b）中 β_1、γ_{i1}、γ_{i2} 均为零。

单因素方差分析模型将总方差分解为行业内方差和行业间方差两部分,旨在验证行业间存在显著的异质性。可分别计算模型(a)、模型(b)组内相关系数 ρ,$\rho_a = 1.024/(1.024 + 2.832) = 26.556\%$;$\rho_b = 0.0512/(0.0512 + 0.960) = 5.063\%$。可见,两模型行业层次的特征影响非国有企业个体的差异,模型(a)行业特征在相当大程度上影响非国有企业个体,且两模型的线性回归检验结果显著。因此,考查国有企业创新水平对非国有企业的影响,必须考虑企业与行业两个层次间的嵌套关系。

5.3.4.2 随机系数模型分析

随机系数模型是令模型(a)、模型(b)中的层-2系数 γ_{i1}、γ_{i2} 均为零。随机模型将层-1非国有企业的斜率设为层-2行业之间随机变化。因变量 CX 和 YL 并不会随着国有企业"技术红利"释放而呈现系统性变化,而仅是受到不同行业的随机影响。在不同行业随机效应下,模型(a)和模型(b)的截距项和自变量 ZFBT 的回归系数在1%显著水平下显著(见表5-7)。这意味着,有必要找到一些宏观层面的因素对这些系数随行业不同而出现变异进行解释。不同行业内国有企业的创新水平和资产规模具有明显异质性,国有企业"技术红利"释放规模和效果的差异显著,完整模型将检验"技术红利"现象的行业差异。根据随机系数模型分析结果,在完整模型分析中,删除随机系数模型中不显著的控制变量,即模型(a)中的 NYRZ 和 WYRZ,模型(b)中的 GGBC。

表5-7 国有企业"技术红利"分层线性模型分析结果

	模型(a):CX			模型(b):YL		
	单因素方差分析	随机模型	完整模型	单因素方差分析	随机模型	完整模型
微观层面系数						
截距项(β_0)	6.001***	6.379***	6.431***	7.433***	7.474***	7.442***
ZFBT		0.231***	0.232***		0.0166**	0.0154**

续表

	模型(a):CX			模型(b):YL		
	单因素方差分析	随机模型	完整模型	单因素方差分析	随机模型	完整模型
NYRZ		−0.00446				
WYRZ		−0.0132				
CPCH		0.0593***	0.0597***		0.0157*	0.0157*
GGBC		−0.0477***	−0.0460***		−0.00544	
微观宏观交互项系数						
截距项(γ_{01})			0.220**			0.0251
截距项(γ_{02})			−0.0152			−0.0273
ZFBT×S_1			0.0188			0.0123
ZFBT×S_2			−0.0894**			0.0270*
宏观层面方差成分						
截距项(var(u_0))	1.024	1.026	0.863	0.0512	0.0517	0.0478
var(ZFBT)		0.0317	0.0399		$(2.91)10^{-15}$	$(1.27)10^{-22}$
微观层面方差成分						
var(r)	2.832	2.526	2.522	0.960	0.958	0.958

注:"***"、"**"和"*"分别表示 $p<0.01$、$p<0.05$、$p<0.1$。

5.3.4.3 完整模型分析

在单因素方差分析和随机系数模型分析的基础上,本书分别构建模型(a)以非国有企业创新水平(CX)为因变量,以政府补贴(ZFBT)为自变量,以国有企业创新水平(S_1)、资产规模(S_2)为层-2解释变量,以产品存货(CPCH)、高管报酬(GGBC)为控制变量;构建模型(b)以非国有企业盈利能力(YL)为因变量,以政府补贴(ZFBT)为自变量,以国有企业创新水平(S_1)、资产规模(S_2)为层−2解释变量,以产品存货(CPCH)为控制变量。

由模型（a）结果可知，$\gamma 01$ 显著大于 0，说明国有企业创新水平促进非国有企业创新水平的提升。假设 1a 获得实证结果支持。ZFBT 显著大于 0，表明政府补助促进了非国有企业的创新，ZFBT×S_1 未通过检验，假设 2a 未获得显著支持。$\gamma 02$ 不显著，ZFBT×S_2 显著小于 0，说明国有企业资产规模间接抑制了非国有企业的创新，这在一定程度上为国有企业对非国有企业创新具有挤出效应提供支持。CPCH 显著大于 0，GGBC 显著小于 0。由模型（b）结果可知，$\gamma 01$ 未通过检验，假设 1a 未得到显著支持。ZFBT 显著大于 0，ZFBT×S_1 未通过检验，表明假设 2b 未得到显著支持。ZFBT×S_2、CPCH 显著大于 0。

5.3.5 研究结论

首先，国有企业"技术红利"现象依然存在，该现象的传导机制呈现复杂化趋势。假设 1a 获得支持，假设 1b 未获得显著支持。这意味着，改革开放多年来，非国有企业生产能力和创新能力显著提升，国有企业"技术红利"对非国有企业盈利能力直接影响弱化，转向通过影响创新能力间接提升盈利水平，"技术红利"释放的传导机制更加复杂化。一定程度上说明，非国有企业已逐渐摆脱了对国有企业"低端"技术的依赖，具有先进性和精密性的高新技术成为国有企业向非国有企业溢出的新趋势。但在这些技术的吸收、整合和应用方面，非国有企业还存在一定时滞性。

其次，国有企业资产外部性加强了政府补贴对非国有企业盈利能力提升，却削弱了政府补贴对非国有企业创新水平的提升。这表明国有企业规模越大，越易于增强非国有企业生产能力对政府补贴激励的敏感性。而在创新方面，非国有企业则一直保持谨慎的态度。这可能是因为国有企业资产规模越大，资源、创新优势越强，非国有企业越倾向、依赖于与国有企业开展生产、研发合作，并在合作中提升生产、创新能力；某种程度上挤出了非国有企业的自主创新活动。这种矛盾支持了"技术红利"现象传导机制的复杂

第5章 产业创新网络中的国有企业知识溢出实证分析

化的结论。

最后,非国有企业产品存货对其自身创新水平和盈利能力具有正向影响,这表明前一期产品库存对非国有企业发展产生压力,能够激发创新,提高经营效率。非国有企业高管年度报酬对其自身创新水平具有负向影响,对其盈利能力没有影响;这可能是因为具有长期、不确定风险的创新活动不易于提升高管的短期经营业绩。

5.4 本章小结

通过对省际层面的国有企业比较分析发现,2014年东北地区国有企业发展情况良好,吉林、黑龙江国有企业发展甚至优于东部沿海地区,辽宁国有企业发展情况一般,体量大且效益低。辽宁及东北地区经济发展的困局源于中国经济处于重工业化阶段,以东北地区国有企业为主要推动力所形成的产业发展惯性依赖与国有经济自我强化的"马太效应"与后工业化时期的东北经济发展方式转变、产业结构调整之间的不协调,导致东北地区民营经济发展薄弱、第三产业发展滞后,也是新常态下东北地区社会经济增长乏力的根源所在。

尽管如此,东北三省社会经济尤其是国有经济发展和瓶颈却呈现差异化特征。辽宁社会经济发展对大型国有企业依赖程度高,呈现"龙头依赖"的特征。20世纪90年代中期,国有企业改制推动了国有企业"技术红利"的释放,辽宁出现了大量的私营企业,促进了辽宁非国有企业的快速发展。但随着技术、人才的跨域省外流动,辽宁本地承接的"技术红利"水平、层次较低,所形成的工业企业多是围绕在国企周围,处于价值链低端、从事简单初加工的配套企业。辽宁非国有经济形成对大型国有企业较高程度依赖的特征。2009年,全球经济低迷对装备制造业和运输业造成冲击,辽宁国有企业所处的行业恰集中于此。辽宁国有企业对区域经济影响力呈减弱趋势，辽宁经济失速可能源于国有企业所遭受的冲击。吉林省经济的发展多呈现出产业结构单一特征——"产业依赖"特征明显。相对于其他省份，吉林省国有企业数量较少、盈利能力强、生产效率高，区域影响力大。长春的12家中央企业中6家是汽车相关企业，而汽车产业更多依赖于德国的大众集团。吉林市产业主要集中于化工行业。单一城市、单一产业、单一国有企业支撑的地区经济发展模式或成为吉林社会经济转型发展的掣肘。黑龙江省社会经济发展呈现较强的"资源依赖"特征。与吉林相似，黑龙江国有企业数量少、盈利能力强、生产效率高，且国有经济优于非国有经济。国有企业问题不是吉林和黑龙江两省经济下滑的根源，非国有经济、第三产业过于薄弱才是两省经济转型亟须突破的关键。

东北地区承载着"技术扩散中心"功能的国有企业，不断向非国有企业释放"技术红利"。从国有企业的"技术红利"，到非国有企业的创新发展，以及生产、创新体系的演化与蜕变，构成了国有企业控制力、非国有企业成长以及产业动态发展的主线，需要厘清其演化过程和规律。本章运用分层线性方程模型，借助2010~2014年中国上市公司的数据对上述问题进行解析。研究发现，国有企业"技术红利"现象依然存在，其传导机制趋向复杂化。值得注意的是，国有企业资产外部性加强了政府补助对非国有企业盈利能力的提升，却削弱了政府补助对非国有企业创新水平的提升，这可能缘于国有企业与非国有企业间合作的加深对非国有企业创新的挤出作用。

第6章 结论与展望

6.1 研究结论

本书在梳理国内外相关研究的基础上,阐释了大企业辐射力的内涵,认为大企业依托其拥有的有形资本、无形资本和关系资本,在产业创新网络中形成了主导产业创新网络发展的大企业辐射力。大企业辐射力影响网络发展的途径表现为两个方面:一方面,大企业辐射力影响网络中企业合作关系,进而促进网络的演化、主导网络的创新方向;另一方面,大企业辐射力影响了大企业向网络内部中小企业的知识溢出。本书构建了产业创新网络中的大企业知识溢出框架模型对后者进行了探索性研究。框架模型阐释了大企业辐射力对大企业向中小企业的单向知识溢出具有直接和间接作用。其中,间接作用则是大企业辐射力通过三个中介因素(吸收能力、关系质量和知识转移)影响知识溢出。为了对框架模型的构念进行科学、有效的测度,本书开发了产业创新网络中的大企业知识溢出量表,其中,包括知识溢出、大企业辐射力和知识溢出中介因素三个量表。本书通过科学、规范的开发流程,获得了产业创新网络中的大企业知识溢出的正式量表,并应用正式量表对辽宁省多个产业创新网络中的200家企业进行问卷调查。根据问卷所获得的数据，本书运用 PLS-SEM 模型对产业创新网络中的大企业知识溢出框架模型进行实证分析，并运用 PLS 模型深入分析了大企业辐射力对知识溢出直接作用的影响差异。本书在前人研究的基础上，通过理论研究和实证分析，阐释了大企业主导型产业创新网络中大企业辐射力如何影响大企业向中小企业知识溢出，并得出如下几方面的结论。

6.1.1 产业创新网络中存在大企业辐射力

产业创新网络已成为各网络成员共享和交换资源、共同开发新创意和新技术的一种组织方式，是介于市场和组织之间的制度性安排（法格博格等，2009；Imai 和 Baba，1989），其本质是促进知识流动和创造的制度性安排。尽管大多数创新网络内企业间的关系是独立、平等的，但有研究表明，企业在创新网络形成和发展过程中拥有某种特殊权利协调其他网络成员的行为，影响网络发展（Hardy 和 Philips，1998）。本书认为在产业创新网络中，企业依托有形资本和无形资本（如资源、品牌、市场等）的竞争优势形成某种特殊权威，借助这种权威企业可获得一定的关系资本。权威与关系资本的结合形成企业在网络中的辐射力。每个企业所拥有的资源禀赋不同，导致其辐射力存在差异。大企业具有中小企业难以匹敌的资源、品牌或市场势力，拥有的辐射力更强。在大企业主导型产业创新网络内大企业拥有的较强辐射力，本书将此定义为大企业辐射力，其本质是大企业创新资源禀赋的体现，反映了大企业在规模生产能力、研发能力、关系资本等方面的综合实力。大企业辐射力是大企业能够主导产业创新网络发展的关键。大企业辐射力影响或主导创新网络发展的途径具体表现为两个方面：一方面，大企业辐射力影响网络合作关系的演化；另一方面，大企业辐射力使得大企业主动或被动发挥着创新网络中知识、技术扩散中心的作用。

6.1.2 大企业辐射力对大企业向中小企业的知识溢出具有直接作用

本书主要研究了在大企业主导型产业创新网络中大企业辐射力如何影响大企业向中小企业知识溢出。为了明晰知识溢出的机理，本书基于知识论的分析视角，从"有外物"、"有正觉"的命题出发分析了知识的产生和知识的流动过程，通过对显性知识和隐性知识产生的不同过程，以及创新网络形成的原因进行分析，揭示了显性知识和隐性知识的本质；并根据二者本质上的差异，阐述了创新网络中知识溢出的实现途径。隐性知识仅是知识创造者通过官能活动官能他所感兴趣外物的所与，在排除了错觉和野觉后形成的正觉。正觉虽不能用语言、文字、图表、公式加以表述，但却能通过演示证明其存在。显性知识是知识创造者在正觉，或者说是隐性知识的基础上，不断地经过抽象和思议形成的意念。从感性认识的正觉到理性认识的意念，显性知识具有了摹状和规律功能，因此，显性知识可以被高度编码，而隐性知识尚不能被编码。作为一种无意识的知识流动，知识溢出难以受知识持有者的控制。具有摹状和规律功能的显性知识，在其溢出过程中不受空间的限制，溢出更容易，因而具有的信息价值较低；由于隐性知识的不可编码性使得其溢出较为困难，仅能通过"面对面"的交流实现溢出，其具有的信息价值可能较高。因此，隐性知识溢出依赖于人才的流动，在发展中国家，地理距离对于人才流动存在较大影响（McCann 和 Shefer，2004）。地理位置邻近、人员交流较为密切的产业创新网络为知识溢出，尤其是隐性知识溢出提供了更多的机会。

在产业创新网络中，大企业辐射力使得大企业主动或被动地成为知识和技术的扩散中心，即大企业辐射力对知识溢出，尤其对隐性知识溢出具有直接影响。影响途径如下：

途径一，组织间正式的研发合作。大企业积极参与网络内的各种类型合作，充分调动组织内部不同层面的技术人员或管理人员之间的交流、合作，以及组织间一定程度的知识转移和交换，有利于网络中的知识溢出，尤其是隐性知识的溢出。

途径二，网络内部的成员流动。隐性知识通常内隐于企业的技术和管理人员，大企业依托先进的生产技术、资源条件培育了大量的优秀人才，此外，大企业内部人才的流动为隐性知识溢出创造了条件。人才流动主要通过大企业以人才借调或提供技术咨询服务的方式向中小企业临时性地输出人才，或者在市场自由竞争机制作用下，通过大企业内部人才的市场化流动行为实现。大企业依托辐射力吸引更多来自网络外部的人才流入或合作伙伴加盟，也为创新网络带来新知识和新资源。

途径三，大企业内部优秀人才创业。从大企业离职的优秀人才组建新创企业，成为大企业的外围配套企业，融入大企业主导的产业创新网络中，也是大企业直接促进知识溢出的途径之一。

大企业辐射力直接作用 PLS 模型实证结果显示，在辽宁多个产业创新网络中，大企业的研发能力和规模生产能力是影响大企业单向知识溢出的重要因素。这表明辽宁产业创新网络中的合作创新活动仍不积极，大企业与中小企业间的合作对于知识溢出的影响略低于大企业创新能力和规模生产能力的影响。

6.1.3 大企业辐射力对大企业向中小企业的知识溢出具有间接作用

大企业辐射力除了通过人才流动、组织间研发合作和企业家创业三种途径对大企业向中小企业的知识溢出具有直接影响外，大企业辐射力可通过三个中介因素的作用间接影响大企业向中小企业的知识溢出。三个中介因素为中小企业吸收能力、关系质量和知识转移。

吸收能力是企业识别、消化外部新知识并使之商业化应用的能力（Cohen

第 6 章 结论与展望

和 Levinthal, 1990)。中小企业吸收能力的强弱是相对于大企业而言的, 若中小企业知识基础与大企业相关的知识基础较相似, 中小企业吸收能力则较强, 因此, 中小企业的吸收能力是一种相对吸收能力。大企业与中小企业交流合作促进了大企业向中小企业的知识流动, 为中小企业提供了技术学习的机会。随着中小企业不断地学习大企业的知识, 中小企业逐渐了解, 并部分掌握了大企业的知识基础, 中小企业的知识基础与大企业相关的知识基础的重叠程度逐渐增大, 中小企业的相对吸收能力逐渐增强。大企业辐射力对中小企业的相对吸收能力具有积极的正向影响。同时, 吸收能力可体现为三方面的能力, 知识识别、知识消化、知识商业化。吸收能力对知识溢出的影响可表现为两方面：其一, 吸收能力可帮助中小企业评估对其有价值的知识溢出; 其二, 吸收能力可帮助中小企业学习对其有价值的知识溢出, 并将新知识应用于生产。吸收能力越强, 中小企业获得更多的知识溢出, 反之, 中小企业从知识溢出的获益较小。本书的实证分析支持了这一观点, 在所调查的 100 余家企业中, 大企业通过吸收能力对知识溢出产生显著的间接影响, 间接效应为 0.0555。大企业辐射力、吸收能力、知识溢出之间存在正向的传递效应, 吸收能力是大企业辐射力与知识溢出的中介变量之一。

关系质量是一个包含信任、承诺、满意等多维度的结构变量, 通常会受到合作关系中所隐含的私人关系、组织关系、地理关系以及合作冲突管理四方面因素的影响。大企业对关系质量的影响是通过合作关系的私人关系、组织关系、地理关系以及冲突管理等关系要素来实现的。大企业辐射力对四个关系质量影响因素具有正向影响, 进而对关系质量产生积极影响。私人关系、组织关系、地理关系以及冲突管理都能够对知识溢出产生积极影响。较好私人关系增强了企业间员工"面对面"交流的机会, 促进了个人层面的知识溢出, 尤其是隐性知识溢出。较好的组织关系增加了企业间的交流合作, 促进了企业层面的知识溢出, 更易于显性知识的溢出。冲突管理维护了企业间的良好关系, 为个人层面和企业层面的知识溢出提供保障。知识溢出, 尤其是隐性知识溢出, 受到地理关系的显著影响, 已得到了众多研究的支持（Anselin 等，1997；Maurseth 和 VerPagen，2002）。大企业辐射力、关系质量、知识溢出之间存在正向的传递效应，吸收能力是大企业辐射力与知识溢出的中介变量之一。实证结果显示，辽宁大企业主导型产业创新网络中，大企业通过关系质量对知识溢出产生显著的间接影响，间接效益为 0.0988。

知识转移的过程通常包括知识获取、交流沟通、学习应用、接受、内化为企业能力等几个部分（Albino 等，1998）。知识转移是知识持有者有意识的行为，而知识溢出是知识持有者无意识的行为（Fallah 和 Ibrahim，2004）。因此，从学习成本角度来看，知识转移较知识溢出的学习成本更低，尤其是隐性知识的流动，隐性知识的转移较隐性知识的溢出学习成本更低、更易获得。但知识持有者转移的知识是有选择性的，持有者仅会转移合作中必要的知识，或不涉及持有者核心竞争力的知识。尽管如此，产业创新网络中的大企业单向知识转移，尤其是隐性知识转移，使得中小企业直接或间接了解了大企业的一些非书面化隐性知识、语言化隐性知识、企业文化隐性知识，进而，熟悉大企业的知识结构和知识使用或创造的习惯，提高中小企业与大企业知识重叠程度，为中小企业更容易地获得大企业知识溢出，尤其是隐性知识溢出提供了相似的知识基础。

在产业创新网络中，大企业辐射力越强，大企业的开放程度越高，大企业在与中小企业合作过程中越不会刻意隐藏合作所需的知识，大企业向中小企业的知识转移越容易。同时，由于隐性知识尚未实现编码，因此，隐性知识转移成功与否也与大企业知识转移能力有关，大企业辐射力越强，大企业具备的知识转移能力越强。可见，大企业辐射力、知识转移和知识溢出之间也存在着正向传递效应，知识转移是大企业辐射力与知识溢出的中介变量之一。通过对辽宁产业创新网络的问卷分析可知，在三个中介变量中，中介效果最为明显的是关系质量，吸收能力次之，而知识转移最小，且三个中介变量中，知识转移对知识溢出的影响程度最小。这表明辽宁产业创新网络中，大企业与中小企业的合作较少且不深入，进而使得知识转移对知识溢出的影响效果较小。而中小企业与大企业的关系质量更易促进知识溢出。

6.1.4 三个量表的开发具有一定的合理性和有效性，可作为测度相关构念的测度工具

本书开发了知识溢出、大企业辐射力和知识溢出中介因素三个量表，为实证分析提供了有效的测度工具。三个量表的开发经过了前导研究、预试量表编写、预试量表施测、预试量表检测以及正式量表施测五个阶段。前导研究为构念操作定义的界定和知识溢出中介因素的维度划分提供了理论和现实依据。本书在前导研究和前人研究的基础上，完成了知识溢出题库、大企业辐射力题库和知识溢出中介因素题库三个题库的编写，作为量表候选题项。由三位相关领域的专家组成的专家小组对本书的题库进行了评价，专家小组评价认为，三个题库中所涉及构念的定义清晰、明确、有效；题项与其对应的构念具有较好的相关性，题项表述清晰、明确，但个别题项略长，缺乏简洁性。大企业辐射力量表和知识溢出量表基本涵盖了构念所涉及的相关内容，能够有效测度大企业辐射力和知识溢出两个构念，两个量表具有较好的内容效度。知识溢出中介变量量表能够在一定程度上测度知识溢出中介变量，但忽略了对合作伙伴地理距离的重视，可能造成知识溢出中介变量测度的不全面。本书接受了专家小组的建议，增加了地理距离相关题项，并对个别题项进行了简化，形成正式量表。经过正式量表施测和样本整理后，本书对样本数据进行描述性统计分析发现，题项缺失率较少、量表鉴别度较高，但偏态系数显示，在吸收能力、知识转移、技术空间和知识溢出中的多数观测变量呈现负向偏态，这表明量表填写者具有社会赞许倾向。因此，有必要在进一步研究中开发社会赞许量表。

PLS-SEM 模型检验结果显示，题项 ZSYC4 未通过指标信度检验。这可能有两方面的原因：一方面，可能是题项的表述方式过于学术化，导致企业问卷填写人出现理解偏差；另一方面，可能是本书调研中涉及的大企业语言

化隐性知识的存量较少，或语言化隐性知识溢出到中小企业的较少。产业创新网络中的大企业知识溢出量表作为新创量表，仍需进一步完善和维护。

6.1.5 东北地区国有企业发展呈现差异化特征，国有企业"技术红利"现象依然存在

东北地区经济发展的困局源于中国经济处在重工业化阶段，以东北地区国有企业为主要推动力所形成的产业发展惯性依赖与国有经济自我强化的"马太效应"与后工业化时期的东北经济发展方式转变、产业结构调整之间的不协调，导致东北地区民营经济发展薄弱、第三产业发展滞后，也是新常态下东北地区社会经济增长乏力的根源所在。东北三省社会经济尤其是国有经济发展和瓶颈却呈现差异化特征。辽宁社会经济发展对大型国有企业依赖程度高，呈现"龙头依赖"的特征。20世纪90年代中期，国有企业改制推动了国有企业"技术红利"的释放，辽宁出现了大量的私营企业，促进了辽宁非国有企业的快速发展。但随着技术、人才的跨域省外流动，辽宁本地承接的"技术红利"水平、层次较低，所形成的工业企业多是围绕在国企周围、处于价值链低端、从事简单初加工的配套企业。辽宁非国有经济形成对大型国有企业较高程度依赖的特征。吉林省经济的发展多呈现出产业结构单一特征——"产业依赖"特征明显。相比于其他省份，吉林省国有企业数量较少、盈利能力强、生产效率高，区域影响力大。长春的12家中央企业中6家是汽车相关企业，而汽车产业更多依赖于德国的大众集团。吉林市产业主要集中于化工行业。单一城市、单一产业、单一国有企业支撑的地区经济发展模式或成为吉林社会经济转型发展的掣肘。黑龙江省社会经济发展呈现较强的"资源依赖"特征。与吉林相似，黑龙江国有企业数量少、盈利能力强、生产效率高，且国有经济优于非国有经济。国有企业问题不是吉林和黑龙江两省经济下滑的根源，非国有经济、第三产业过于薄弱才是两省经济转型亟须突破的关键。

东北地区承载着"技术扩散中心"功能的国有企业,不断向非国有企业释放"技术红利"。从国有企业的"技术红利",到非国有企业的创新发展,以及生产、创新体系的演化与蜕变,构成了国有企业控制力、非国有企业成长以及产业动态发展的主线,需要厘清其演化过程和规律。本章运用分层线性方程模型,借助2010~2014年中国上市公司的数据对上述问题进行解析。研究发现,国有企业"技术红利"现象依然存在,其传导机制趋向复杂化。值得注意的是,国有企业资产外部性加强了政府补助对非国有企业盈利能力的提升,却削弱了政府补助对非国有企业创新水平的提升,这可能缘于国有企业与非国有企业间合作的加深对非国有企业创新的挤出作用。

6.2 研究展望

虽然本书通过理论研究和实证分析,对产业创新网络中知识溢出的研究取得了一些初步的进展,但国内外学者关于该领域的研究尚处于起步阶段,本书作为探索性研究尚存诸多不足之处,还有待深入和扩展。

首先,本书将大企业辐射力的形成过程视为"黑箱",并未阐释大企业辐射力形成的机理。创新网络中每个企业都具有各自的辐射力,大企业具有的辐射力更为显著,影响力更为深远。本书认为大企业辐射力是企业创新资源禀赋的体现,反映了大企业在规模生产能力、研发能力、关系资本等方面的综合实力。但规模生产能力、研发能力和关系资本如何相互作用形成大企业辐射力的过程视为"黑箱",其形成过程和作用机理有待进一步研究。

其次,本书考察了知识持有者——大企业、知识接受者——中小企业,以及相关的溢出环境等因素对知识溢出的影响,探讨了大企业辐射力对于知识溢出的影响效果,但未考虑知识溢出速度问题。对于知识接受者而言,知识溢出的价值一定程度上取决于知识的时效性,知识溢出速度则显得格外的

产业创新网络中的大企业知识溢出研究

重要。大企业辐射力是否影响知识溢出速度,中小企业自身战略和资源禀赋如何影响知识溢出速度等问题,将有待于本书进一步研究。

再次,本书未区分大企业的组织形式。本书界定的大企业包括国有大企业和私营大企业。因企业组织形式的差异,国有大企业与私营大企业的目标、信仰、能力和行为存在较大差异,对二者进行比较对于政策制定者和企业实际工作者都具有一定意义。因此,比较产业创新网络中的国有和私营大企业对知识溢出的影响差异也是进一步研究的一个方向。

最后,产业创新网络中的大企业知识溢出量表有待进一步完善和维护。本书查阅了国内外相关文献,与本书研究直接相关的量表数量较少,且部分研究存在一定问题。因此,本书选择自行开发量表,本书量表开发过程规范,共经过前导研究、预试量表编写、预试量表施测、预试量表检测以及正式量表施测五个阶段。但作为新创量表,产业创新网络中的大企业知识溢出量表不可避免地存在一些细节问题,有待进一步的完善。且量表填写者可能存在社会赞许倾向,在进一步研究中有必要开发社会赞许量表。

附录1 预试量表

中小企业技术创新调查问卷

尊敬的企业负责人：

  为加快提升我国中小企业技术创新能力，解决中小企业与大型企业合作中存在的问题，为政府提供决策依据，我们开展此项中小企业技术创新能力的调查与研究工作。我们郑重承诺，此次调查所采集的所有信息仅用于科学研究。请您认真阅读问题并根据实际情况填写问卷。

  感谢您百忙之中拨冗支持我们的调查与研究工作！

本问卷共分9个方面的问题

企业名称		成立年份	
所属行业		所在城市	
企业性质	□国有企业　□集体企业　□私营企业　□外国独资或合资　□其他		
组织形式	□有限责任公司　□股份有限公司　□上市公司　□股份合作企业　□其他企业		

（1）贵企业合作伙伴中是否存在经常合作的大型企业　　是□　否□

（2）请填写与贵企业合作最密切的大型企业名称，后文中"大企业"均指代该企业。

  合作最密切大型企业名称：

大企业在合作中发挥的作用					
(1) 合作中大企业主导合作		是□		否□	
(2) 贵企业处于大企业主导的创新网络中		是□		否□	
请在最符合贵企业实际情况的数字上画"√"	完全不同意←——→完全同意				
(1) 大企业具有较强的研发能力	1	2	3	4	5
(2) 大企业具有较强的规模生产能力	1	2	3	4	5
(3) 大企业是各合作伙伴的关系纽带	1	2	3	4	5
(4) 大企业向合作伙伴传授知识或技术	1	2	3	4	5
(5) 大企业能够影响贵企业的创新方向	1	2	3	4	5

注：此表为大企业辐射力预试量表。

贵企业					
请在最符合贵企业实际情况的数字上画"√"	完全不同意←——→完全同意				
(1) 能及时地了解外部的技术发展趋势	1	2	3	4	5
(2) 能快速学习合作伙伴的知识或技术	1	2	3	4	5
(3) 能顺利地将获取的知识应用于新产品的研发	1	2	3	4	5
(4) 获取的知识符合最高管理层的战略目标	1	2	3	4	5
(5) 研发人员的专业技术水平较高	1	2	3	4	5
(6) 研发投入较大	1	2	3	4	5

注：此表为吸收能力子量表，此为知识溢出中介因素量表的一部分。

贵企业					
请在最符合贵企业实际情况的数字上画"√"	完全不同意←——→完全同意				
(1) 与大企业合作非常顺利	1	2	3	4	5
(2) 非常信任大企业	1	2	3	4	5
(3) 大企业不信赖贵企业	1	2	3	4	5
(4) 与大企业有进一步加深合作的意愿	1	2	3	4	5
(5) 与大企业拥有良好的私人关系	1	2	3	4	5
(6) 重要参与人的离开会损害企业间关系	1	2	3	4	5
(7) 与大企业的组织关系促进了私人关系的形成	1	2	3	4	5

注：此表为知识溢出中介因素量表中的关系质量子量表。

附录1 预试量表

在与大企业合作过程中					
请在最符合贵企业实际情况的数字上画"√"	完全不同意←——→完全同意				
(1) 存在解决合作冲突的方法或惯例	1	2	3	4	5
(2) 能够监控和预防合作中的潜在冲突	1	2	3	4	5
(3) 高管都参与冲突的解决	1	2	3	4	5
(4) 当冲突发生时,双方共同努力解决问题	1	2	3	4	5
(5) 不存在解决冲突的双向沟通机制	1	2	3	4	5
(6) 冲突发生时,双方均注重企业文化上的差异	1	2	3	4	5

注:此表为知识溢出中介因素量表中的冲突管理子量表。

贵企业					
请在最符合贵企业实际情况的数字上画"√"	完全不同意←——→完全同意				
(1) 积极向大企业学习知识或技术	1	2	3	4	5
(2) 更愿意与本地区的大企业合作	1	2	3	4	5
(3) 愿意向大企业传授知识或技术	1	2	3	4	5
(4) 认为远距离合作的经济上和心理上成本较高	1	2	3	4	5
(5) 大企业积极向贵企业学习知识或技术	1	2	3	4	5
(6) 大企业愿意向贵企业传授知识或技术	1	2	3	4	5

注:此表为知识溢出中介因素量表中的知识转移子量表。

贵企业					
请在最符合贵企业实际情况的数字上画"√"	完全不同意←——→完全同意				
(1) 拥有独特的生产技术或工艺	1	2	3	4	5
(2) 与大企业的产品相互竞争	1	2	3	4	5
(3) 与大企业的核心技术高度相似	1	2	3	4	5
(4) 在创新活动中,需要大企业的技术支持	1	2	3	4	5
(5) 不能够接触到大企业的核心技术	1	2	3	4	5
(6) 接触的大企业的技术较为复杂	1	2	3	4	5

注:此表为知识溢出中介因素量表中的技术空间子量表。

贵企业无意间学习了大企业的哪类技术					
请在最符合贵企业实际情况的数字上画"√"	完全不同意←——→完全同意				
(1) 不能明确表达的窍门、秘诀、手艺（非书面化隐性知识）	1	2	3	4	5
(2) 特有的、与企业文化相关的知识（社会、文化隐性知识）	1	2	3	4	5
(3) 某一现象、动作或事物特定的抽象表述（语言化隐性知识）	1	2	3	4	5
(4) 大企业无法清晰表达的核心技术（睿智）	1	2	3	4	5
(5) 可以用图纸或文字材料描述的技术（显性知识）	1	2	3	4	5

注：此表为知识溢出预试量表。

——衷心感谢您的支持与合作！——

附录2 知识溢出中介因素预试量表的描述统计分析

	平均值	极小值	极大值	标准差	峰度	偏态
N1	3.5390	1.00	5.00	1.26218	-1.206	-0.284
N2	3.6099	1.00	5.00	1.29710	-1.177	-0.395
N3	3.5929	1.00	5.00	1.29135	-1.171	-0.381
N4	3.5390	1.00	5.00	1.32836	-1.352	-0.215
N5	2.8561	1.00	5.00	1.29973	-1.254	-0.231
N6	3.8143	1.00	5.00	1.40700	-0.725	-0.796
C1	3.6620	1.00	5.00	0.89828	0.371	-0.527
C2	3.6197	1.00	5.00	0.98738	-0.035	-0.563
C3	3.5390	1.00	5.00	0.92981	-0.036	-0.521
C4	3.4610	1.00	5.00	1.09882	-0.397	-0.440
C5	2.9429	1.00	5.00	1.23365	-0.902	-0.147
C6	4.0567	1.00	5.00	0.97668	-0.341	-0.721
G1	2.8380	1.00	5.00	1.01505	-0.524	0.620
G2	3.7887	1.00	5.00	1.09694	-0.453	-0.486
G3	3.6197	1.00	5.00	1.18939	-1.091	-0.276
G4	3.8662	1.00	5.00	1.21590	-0.742	-0.676
G5	3.2357	1.00	5.00	1.31735	-0.986	-0.426
G6	3.6500	1.00	5.00	1.19306	-0.492	-0.581
G7	4.0571	1.00	5.00	1.18000	-0.039	-0.992

续表

	平均值	极小值	极大值	标准差	峰度	偏态
Z1	3.4214	1.00	5.00	1.11283	-0.527	-0.355
Z2	3.9507	1.00	5.00	1.09368	-0.998	-0.528
Z3	4.2214	1.00	5.00	1.07334	0.793	-1.268
Z4	3.4071	1.00	5.00	1.10523	-0.507	-0.345
Z5	3.7042	1.00	5.00	0.90537	0.482	-0.657
Z6	3.8286	1.00	5.00	0.95919	1.047	-0.939
J1	3.2446	1.00	5.00	1.15997	-0.750	-0.209
J2	2.9496	1.00	5.00	1.13778	-0.642	0.310
J3	2.9500	1.00	5.00	1.16499	-0.802	0.209
J4	3.7286	1.00	5.00	1.28546	-1.260	-0.447
J5	3.8298	1.00	5.00	1.24187	-0.816	-0.692
J6	3.7143	1.00	5.00	1.28794	-1.025	-0.516

附录3 题项与总分相关系数

题项	题项与总分相关系数	删除题项后的信度	题项	题项与总分相关系数	删除题项后的信度
N1	0.599	0.906	G5	0.472	0.908
N2	0.521	0.907	G6	0.516	0.907
N3	0.527	0.907	G7	0.467	0.908
N4	0.613	0.906	Z1	0.486	0.908
N5	0.551	0.907	Z2	0.595	0.906
N6	0.317	0.911	Z3	0.357	0.910
C1	0.409	0.909	Z4	0.496	0.908
C2	0.352	0.910	Z5	0.263	0.911
C3	0.543	0.907	Z6	0.328	0.910
C4	0.349	0.910	J1	0.474	0.908
C5	0.265	0.912	J2	0.433	0.909
C6	0.625	0.906	J3	0.526	0.907
G1	0.109	0.913	J4	0.662	0.905
G2	0.585	0.906	J5	0.630	0.905
G3	0.484	0.908	J6	0.625	0.905
G4	0.503	0.908			

附录4 正式量表

中小企业技术创新调查问卷

尊敬的企业负责人：

　　为加快提升我国中小企业技术创新能力，解决中小企业与大型企业合作中存在的问题，为政府提供决策依据，我们开展此项中小企业技术创新能力的调查与研究工作。我们郑重承诺，此次调查所采集的所有信息仅用于科学研究。请您认真阅读问题并根据实际情况填写问卷。

　　感谢您百忙之中拨冗支持我们的调查与研究工作！

本问卷共分8个方面的问题

企业名称		成立年份	
所属行业		所在城市	
企业性质	□国有企业　□集体企业　□私营企业　□外国独资或合资　□其他		
组织形式	□有限责任公司　□股份有限公司　□上市公司　□股份合作企业　□其他企业		

(1) 贵企业合作伙伴中是否存在经常合作的大型企业	是□	否□

(2) 请填写与贵企业合作最密切的大型企业名称，后文中"大企业"均指代该企业。

　　合作最密切大型企业名称：

大企业在合作中发挥的作用					
（1）合作中大企业主导合作	是□		否□		
（2）贵企业处于大企业主导的创新网络中	是□		否□		
请在最符合贵企业实际情况的数字上画"√"	完全不同意←—→完全同意				
（1）大企业具有较强的研发能力	1	2	3	4	5
（2）大企业具有较强的规模生产能力	1	2	3	4	5
（3）大企业是各合作伙伴的关系纽带	1	2	3	4	5
（4）大企业向合作伙伴传授知识或技术	1	2	3	4	5
（5）大企业能够影响贵企业的创新方向	1	2	3	4	5

贵企业					
请在最符合贵企业实际情况的数字上画"√"	完全不同意←—→完全同意				
（1）能及时地了解外部的技术发展趋势	1	2	3	4	5
（2）能快速学习合作伙伴的知识或技术	1	2	3	4	5
（3）能顺利地将获取的知识应用于新产品的研发	1	2	3	4	5
（4）获取的知识符合最高管理层的战略目标	1	2	3	4	5
（5）研发人员的专业技术水平较高	1	2	3	4	5
（6）在创新活动中，需要合作伙伴的技术支持	1	2	3	4	5
（7）不能够接触到合作伙伴的核心技术	1	2	3	4	5
（8）接触的合作伙伴的技术较为复杂	1	2	3	4	5

贵企业					
请在最符合贵企业实际情况的数字上画"√"	完全不同意←—→完全同意				
（1）拥有独特的生产技术或工艺	1	2	3	4	5
（2）与合作伙伴的产品相互竞争	1	2	3	4	5
（3）与合作伙伴的核心技术高度相似	1	2	3	4	5

附录4 正式量表

贵企业					
请在最符合贵企业实际情况的数字上画"√"	完全不同意←→完全同意				
(1) 非常信任合作伙伴	1	2	3	4	5
(2) 合作伙伴不信赖贵企业	1	2	3	4	5
(3) 与合作伙伴有进一步加深合作的意愿	1	2	3	4	5
(4) 与合作伙伴拥有良好的私人关系	1	2	3	4	5
(5) 重要参与人的离开会损害企业间关系	1	2	3	4	5
(6) 存在解决合作冲突的方法或惯例	1	2	3	4	5
(7) 能够监控和预防合作中的潜在冲突	1	2	3	4	5
(8) 高管都参与冲突的解决	1	2	3	4	5
(9) 当冲突发生时,双方共同努力解决问题	1	2	3	4	5
(10) 更愿意与本地区的大企业合作	1	2	3	4	5

贵企业					
请在最符合贵企业实际情况的数字上画"√"	完全不同意←→完全同意				
(1) 积极向合作伙伴学习知识或技术	1	2	3	4	5
(2) 认为远距离合作的经济上和心理上成本较高	1	2	3	4	5
(3) 大企业愿意向贵企业传授知识或技术	1	2	3	4	5

贵企业无意间学习了大企业的哪类技术					
请在最符合贵企业实际情况的数字上画"√"	完全不同意←→完全同意				
(1) 不能明确表达的窍门、秘诀、手艺(非书面化隐性知识)	1	2	3	4	5
(2) 特有的、与企业文化相关的知识(社会、文化隐性知识)	1	2	3	4	5
(3) 某一现象、动作或事物特定的抽象表述(语言化隐性知识)	1	2	3	4	5
(4) 大企业无法清晰表达的核心技术(睿智)	1	2	3	4	5
(5) 可以用图纸或文字材料描述的技术(显性知识)	1	2	3	4	5

——衷心感谢您的支持与合作!——

参考文献

[1] Agarwal, R., Audretsch, D. & Sarkar, M. Knowledge spillovers and strategic entrepreneurship [J]. Strategic Entrepreneurship Journal, 2010 (4): 271-283.

[2] Albino, V., Garavelli, A. C. & Schiuma, G. Knowledge transfer and inter-firm relationships in industrial districts: The role of the leader firm [J]. Technovation, 1999 (19): 53-63.

[3] Amara, N. & Landry, R. Sources of information as determinants of novelty of innovation in manufacturing firms: Evidence from the 1999 statistics Canada innovation survey [J]. Technovation, 2005 (25): 245-259.

[4] Amiti, I. M. & Freund, C. An Anatomy of China's Export Growth [EB/OL]. http://www.haveman.org/EITI07/amiti.pdf.

[5] Anderson, J. C. & Gerbing, D. W. Structural equation modeling in practice: A review and recommends two-step approach [J]. Psychological Bulletin, 1988, 103 (3): 411-423.

[6] Anselin, L., Varga, A. & Acs, Z. J. Local geographic spillovers between university research and high technology innovations [J]. Jouranl of Urban Economics, 1997 (42): 442-448.

[7] Antonelli, C., Amidei, F. B., Fassio, C. The mechanisms of knowledge governance: State owned enterprises and Italian economic growth, 1950 – 1994

[J]. Structural Change and Economic Dynamics, 2014 (31): 43-63.

[8] Arrow, K. Economic welfare and the allocation of resources for invention [EB/OL]. The rate and direction of inventive activity: Economic and social factors, http://ssrn.com/abstract = 1497764.

[9] Arrow, K. The economic implications of learning by doing [J]. Review of Economic Studies, 1962, 29 (3): 157-173.

[10] Audretsch, D. B. & Erik, E. Lehmann. Does the knowledge spillover theory of entrepreneurship hold for regions? [J]. Research Policy, 2005 (34): 1191-1202.

[11] Audretsch, D. B. & Stephan, P. E. Knowledge spillovers in biotechnology: Sources and incentives [J]. Evolutionary Economics, 1999 (9): 97-107.

[12] Auerswald, P. E. & Branscomb, L. M. E. Reflections on mansfield, technological complexity, and the "Golden Age" of U.S. Corporate R&D [J]. The Journal of Technology Transfer, 2004 (30): 139-157.

[13] Baptista, R. Do innovations diffuse faster within geographical clusters? [J]. International Journal of Industrial Organization, 2000 (18): 515-535.

[14] Bartholomew, S. National systems of biotechnology innovation: Complex interdependence in the global system [J]. Journal of International Business Studies, 1997, 28 (2): 241-266.

[15] Bergman, E. M., Maier, G. & Vyborny, M. Venturing Jointly: Vienna's Innovation Economy [J]. Transition Studies Review, 2006 (13): 395-413.

[16] Bower, G. H. & Ernest, R. H. Theories of learning [M]. Englewood Cliffs, NJ: Prentice-Hall, 1981.

[17] Breschi, S. & Francesco, L. Mobility and social networks: localised knowledge spillovers revisited [J]. KITeS WPn, 2003 (142): 7-18.

[18] Camines, E. G. & Zeller, R. A. Reliability and validity assessment [J]. Sage University Paper Series on Quantitative Applications in the Social

Sciences Sage, Publications, Beverly Hills, 1979 (1): 7-14.

[19] Caniëls, M. C. J., Verspagen, B. Barriers to knowledge spillovers and regional convergence in an evolutionary model [J]. Evolutionary Economics, 2011 (11): 307-329.

[20] Caniëls, M. C. J. Knowledge spillovers and economic growth: Regional growth differentials across Europe [M]. Cheltenham and Northampton, MA: Edward. Elgar, 2000.

[21] Caragliu, A. & Chiara Del Bo. Determinants of spatial knowledge spillovers in Italian provinces [J]. Socia-Economic Planning Sciences, 2011 (45): 28-37.

[22] Casanueva, C., Castro, L. & Galan, J. L. Informational networks and innovation in mature industrial cluster [J]. Journal of Business Research, 2012 (3): 7-14.

[23] Castillo, J. A note on the concept of tacit knowledge [J]. Journal of Management Inquiry, 2002 (11): 46-57.

[24] Castillo, J. A note on the concept of tacit knowledge [J]. Journal of Management Inquiry, 2002 (1): 7-14.

[25] Chang, P. L. & Shih, H. Y. Comparing patterns of intersectoral innovation diffusion in Taiwan and China: A network analysis [J]. Technovation, 2005 (25): 155-169.

[26] Chang, P. L. & Shih, H. Y. Industrial innovation networks in Taiwan and China: A comparative analysis [J]. Technology in Society, 2009 (31): 176-186.

[27] Chen, B. J. Empirical analyses of influencing factors on the capacity of regional technological innovation for China's high-tech industry [J]. Energy Procedia, 2011 (13): 10011-10016.

[28] Choia, S. B., Leeb, S. H. & Williamsc, C. Ownership and firm in-

novation in a transition economy: Evidence from China [J]. Research Policy, 2011 (40): 441-452.

[29] Corallo, A., Taifi, N. & Passiante, G. Strategic and managerial ties for the new product development [J]. The Open Knowlege Society, 2008, 19 (10): 398-405.

[30] Corsaro, D., Ramos, C. & Henneberg, S. C. The impact of network configurantions on value constellations in business market: The case of an innovation network [J]. Industrial Marketing Management, 2012, 41 (1): 54-67.

[31] Cummings, J. L., Teng, B. S. Transferring R&D knowledge: The key factors affecting knowledge transfer success [J]. Journal of Engineering and Technology Management, 2003 (20): 39-68.

[32] Ding, X. H. & Huang, R. H. Effects of knowledge spillover on interorganizational resource sharing decision in collaborative knowledge creation [J]. European Journal of Operational Research, 2010 (201): 949-959.

[33] Dooley, L. & Kirk, D. University-industry collaboration grafting the entrepreneurial paradigm onto academic structures [J]. European Journal of Innovation Management, 2007 (10): 316-332.

[34] Fallah, M. H. & Ibrahim, S. Knowledge spillover and innovation in technological clusters [R]. 2004.

[35] Fisher-Vanden, K. Management Structure and Technology Diffusion in Chinese state-owned enterprises [J]. Energy Policy, 2003 (31): 247-257.

[36] Fleming, L. & Sorenson, O. Technology as a complex adaptive system: Evidence from patent data [J]. Research Policy, 2001 (30): 1091-1139.

[37] Fornell, C. A second generation of multivariate analysis [M]. New York: Praeger, 1982.

[38] Francina Orfila-Sintes & Mattsson J. Innovation behavior in the hotel industry [J]. Omega, 2009 (37): 380-394.

[39] Freeman, C. Technology Policy and Economic Performance: Lessons from Japan [M]. London: Printer, 1987.

[40] Frenken, K. A complexity approach to innovation networks: The case of the aircraft industry (1909-1997) [J]. Research Policy, 2000, 29 (2): 257-272.

[41] Frye, T., Shleifer, A. The invisible hand and the grabbing hand [J]. American Economic Review, 1997 (87): 354-358.

[42] Gay, B. & Dousset, B. Innovation and network structural dynamics: Study of the alliance network of a major sector of the biotechnology industry [J]. Research Policy, 2005, 34 (10): 1457-1475.

[43] Gemunden, H. G., Ritter, T. & Heydebreck, P. Network configuration and innovation success: An empirical analysis in German high-tech industries [J]. International Journal of Research in Marketing, 1996, 13 (5): 449-462.

[44] Granovetter, M. Economic action and social structure: The problem of embeddedness [J]. American Journal of Sociology, 1985, 91 (3): 481-510.

[45] Griliches, Z. The search for R&D spillovers [J]. Scandinavian Journal of Economics, 1992, 94 (Suppl.): 29-47.

[46] Guinot, C., Latreille, J. & Tenenhaus, M. PLS path modeling and multiple table analysis. //Application to the cosmetichabits of women in Ile-de-France [J]. Chemometrics and Intelligent laboratory systems, 2001 (58): 247- 259.

[47] Guo, B. Technology acquisition channels and industry performance: An industry- level analysis of Chinese large- and medium-size manufacturing enterprises [J]. Research Policy, 2008 (37): 194-209.

[48] Hair, J. F., Ringle, C. M. & Sarstedet, M. PLS-SEM: Indeed a silver bullet [J]. Journal of Marketing Theory and Practice, 2011, 19 (2): 139-151.

[49] Hans Lööf & Anders Broström. Does knowledge diffusion between university and industry increase innovativeness? [J]. The Journal of Technology Transfer,

2008, 33 (1): 73-90.

[50] Hans, G. G., Ritter T. & Heydebreck, P. Network configuration and innovation success: An empirical analysis in German high-tech industries [J]. International Journal of Research in Marketing, 1996, 13 (5): 449-462.

[51] Hansen, M. T. & Birkinshaw, J. The Innovation Value Chain [J]. Harvard Business Review, 2007, 85 (6) : 121-130.

[52] Hansen, G. S., Hill, C. W. L. Are institutional investors myopic? A time-series study of four technology-driven industries [J]. Strategic Management Journal, 1991, 12 (1): 1-16.

[53] Harabi, N. Channels of R&D spillovers: An empirical investigation [J]. Technovation, 1997, 12 (11-12): 627-635.

[54] Heidenreich, M. Innovation patterns and location of european low- and medium-technology industries [J]. Research Policy, 2009 (38): 483-494.

[55] Heidenreich, M. Innovation patterns and location of european low- and medium-technology industries [J]. Research Policy, 2009, 38 (3): 483-494.

[56] Henderson, J. V. Understanding knowledge spillovers [J]. Regional Science and Urban Economics, 2007 (37): 497-508.

[57] Henson, R. K. Understanding internal consistency reliability estimates: A conceptual primer on coefficient alpha [J]. Measure and Evaluation Counseling and Development, 2001, 34 (3): 177-189.

[58] Howells, J. R. L. Tacit knowledge, innovation and economic geography [J]. Urban Studies, 2002, 39 (5-6): 871-884.

[59] Hulland, J. Use of partial least squares (PLS) in strategic management research: A review of four recent studies [J]. Strategic Management Journal, 1999 (20): 195-204.

[60] Iammarino, S. & McCann, P. The structure and evolution of industrial clusters: Transactions, technology and knowledge spillovers [J]. Research Poli-

cy, 2006 (35): 1018-1036.

[61] Jakki, M. & Robert, S. Characteristics of partnership success: Partnership attributes, communication behavior, and conflict resolution techniques [J]. Strategic Management Journal, 1994 (15): 135-152.

[62] Jasen, J. J. P., Bosch, F. A. J. & Volberda, H. W. Managing potential and realized absorptive capacity: How do organizational antecedents matter? [J]. Academy of Management Journal, 2005, 48 (6): 999-1015.

[63] Javorcik, S. B. Does foreign direct investment increase the productivity of domestic firms in search of spillovers through backward linkages? [J]. American Economic Review, 2004, 94 (3): 605-627.

[64] Jaworski, B. J. & Kohli, A. K. Market orientation: Antecedents and consequences [J]. Journal of Marketing, 1993, 57 (3): 53-70.

[65] Jehn, K. A. A qualitative analysis of conflict types and dimensions in organizational groups [J]. Administrative Science Quarterly, 1997, 42 (3): 530-557.

[66] Jeroen, P. J. de Jong & Freel, M. Absorptive capacity and the reach of collaboration in high technology small firms [J]. Research Policy, 2010, 39 (1): 47-54.

[67] Kaiser, U. Measuring knowledge spillovers in manufacturing and services: An empirical assessment of alternative approaches [J]. Research Policy, 2002 (31): 125-144.

[68] Kale Prashant, Sigh Harbir Perlmutter. Learning and protection of proprietary assets in strategic alliances: Building relational capital [J]. Strategic Management Journal, 2000 (21): 217-237.

[69] Karlsson, C. & Olsson, O. Product innovation in small and large enterprises [J]. Small Business Economics, 1998 (10): 131-146.

[70] Kaufmann, A., Lehner, P. & Todtling, F. Effects of the internet on

the spatial structure of innovation networks [J]. Information Economics and Policy, 2003, 15 (3): 402-424.

[71] Khunkitti, H. E. S. The life sciences innovation value Chain: The importance of life sciences innovation to APEC [J]. Life Sciences Innovation Forum, Phuket, Thailand, 2003: 14-23.

[72] Kim, L. Crisis construction and organizational learning: Capability building in catching-up at hyundai motor [J]. Organization Science, 1998 (9): 506-521.

[73] Klevorick, A. K., Levin, R. C. & Nelson, R. R. et al. On the sources and significance of inter industry differences in technological opportunities [J]. Research Policy, 1995, 24 (2): 185-205.

[74] Kokk, A. Technology, market characteristics, and spillovers [J]. Journal of Development Economics, 1994, 43 (2): 279-293.

[75] Kwang, Chihiro Watanabe. Unintentional technology spillover between two sectors: Kinetic approach [J]. Technovation, 2001 (21): 227-235.

[76] Lane, P. J. & Lubatkin, M. Relative absorptive capacity and interorganizational learning [J]. Strategic Management Journal, 1998, 19 (5): 461-477.

[77] Leahy, D. & Neary, P. Absorptive capacity, R&D spillovers, and public policy [J]. International Journal of Industrial Organization, 2007, 25 (5): 1089-1180.

[78] Lee, G. The effectiveness of international knowledge spillover channels [J]. European Economic Review, 2006 (50): 2075-2088.

[79] Lin, J. Y., Cai, F., Li, Z. Competition, policy burdens, and state-owned enterprise reform [J]. The American Economic Review, 1998, 88 (2): 422-427.

[80] Lindsay, P. H. & Donald, A. Norman. Human information processing

[M]. Orlando, FL: Academic Press, 1977.

[81] Lopez, J. NAFTA and Mexico's manufacturing productivity: An Empirical Investigation Using Micro level Data [J]. Journal of LACEA, 2003, 4 (1): 55-98.

[82] Lundvall, B. -A. National systems of innovation: Towards a theory of innovation and interactive learning [M]. London: Pinter Publishers, 1992.

[83] Madsen, J. B. Technology spillover through trade and TFP convergence: 135 years of evidence for the OECD countries [J]. Journal of International Economics, 2007 (72): 464-480.

[84] MaKinnon, D. P., Chondra, L. M. & Hoffman, J. M. et al. A comparison of methods to test mediation and other intervening variable effects [J]. Psychological Methods, 2002, 7 (1): 83-104.

[85] Maurseth, P. B. & Verspagen, B. Knowledge spillover in europe: A patent citations analysis [J]. Scandinavian Journal of Economics, 2002, 104 (4): 531-545.

[86] McCann, P. & Simonen, J. Innovation, knowledge spillovers and local labour markets [J]. Papers in Regional Science, 2005, 84 (3): 465-485.

[87] Menrad, K. Innovations in the food industry in Germany [J]. Research Policy, 2004 (33): 845-878.

[88] Miller, R. Global R&D networks and large-scale innovations: The case of the automobile industry [J]. Research Policy, 1994, 23 (1): 27-46.

[89] Mowery, D. C., Oxley, J. E. & Silverman, B. S. Strategic alliances and interfirm knowledge transfer [J]. Strategic Management Journal, 1996 (17): 77-91.

[90] Muñoz, R. A. The innovation value chain (IVC): Issues of efficiency and effectiveness within the Basque Country [D]. Paper to be presented at 6th International Conference, 2009.

[91] Musiolik, J., Markard, J. & Hekkert, M. Networks and network resources in technological innovation systems: Towards a conceptual framework for system building [J]. Technological Forecasting and Social Change, 2012, 7 (1): 7-14.

[92] Nakagawa, M., Watanabe, C. & Charla Griffy-Brown. Changes in the technology spillover structure due to economic paradigm shifts: A driver of the economic revival in Japan's material industry beyond the year 2000 [J]. Technovation, 2009 (29): 5-22.

[93] Nelson, P., Lawrence, B. T. & Hardy, C. Inter Organizational collaboration and the dynamics of institutional Fields [J]. Journal of Management Studies, 2000 (37): 23-43.

[94] Nelson, R. R. National innovation systems: A comparative analysis [M]. Oxford: Oxford University Press, 1993.

[95] Patrick, R. & Caroline, H. Innovation in regions: What does really matter? [J]. Research Policy, 2005, 34 (8): 1150-1172.

[96] Powell, T. The knowledge value Chain (KVC): How to fix it when it breaks [R]. Presented at Knowledge Nets 2001, New York City, May 2001. Published in M. E. Williams (ed.), Proceedings of the 22nd National Online Meeting.

[97] Ralston, D. A., Tong, J. T., Terpstra, R. H., Wang, X. L., Egri, C. Today's state-owned enterprises of China: Are they dying dinosaurs or dynamic dynamos? [J]. Strategic Management Journal, 2006, 27 (9): 825-843.

[98] Rentsch, C., Finger, M. Yes, no, maybe: The ambiguous relationships between state-owned enterprises and the state [J]. Annals of Public and Cooperative Economics, 2015, 86 (4): 617-640.

[99] Richard, P. Public enterprise in practice [M]. New York: St. Martin's Press, 1972.

[100] Roper, S., Du, J. & Love, J. H. The innovation value chain [D]. presented at the "Innovation, Entrepreneurship and Public Policy" seminar at the Centre for Entrepreneurship, Durham Business School, Durham University on 18th December, 2006.

[101] Rothwell, R. External networking and innovation in small and medium-sized manufacturing firms in Europe [J]. Technovation, 1991 (11): 93-112.

[102] Salavisa, L., Sousa, C. & Fontes, M. Topologies of innovation networks in knowledge-intensive sectors: Sectoral differences in the access to knowledge and complementary assets through formal and informal ties [J]. Management, 2012 (4): 11-14.

[103] Shih, H. Y. & Chang, P. L. Industrial innovation networks in Taiwan and China: A comparative analysis [J]. Technology in Society, 2009, 31 (2): 176-186.

[104] Shyu, J. Z., Chiu, Y. C. &You, C. C. A cross-national comparative analysis of innovation policy in the integrated circuit industry [J]. Technology in Society, 2001 (23): 227-240.

[105] Simonin, B. L. Ambiguity and the process of knowledge transfer in strategic alliances [J]. Strategic Management Journal, 1999 (20): 595-623.

[106] Sinani, E. & Meyer, K. E. Spillovers of technology transfer from FDI: The case of Estonia [J]. Journal of Comparative Economics, 2004 (32): 445-466.

[107] Staropoli, C. Cooperation in R&D in the pharmaceutical industry: The network as an organizational innovation governing technological innovation [J]. Technovation, 1998, 18 (1): 13-23.

[108] Storz, C. Dynamics in innovation systems: Evidence from Japan's game software industry [J]. Research Policy, 2008 (37): 1480-1491.

[109] Strebel, H. P. Interorganisational cooperation for sustainable manage-

ment in industry: On industrial recycling networks and sustainability networks [J]. Fuel and Energy Abstracts, 2005 (46): 201.

[110] Stroper, M. Regional technology coalitions: An essential dimension of national technology policy [J]. Research Policy, 1995 (25): 895-911.

[111] Thorgren, S., Wincent, J. & Qrtqvist, D. Designing interorganizational networks for innovation: An empirical examination of network configuration, formation and governance [J]. Journal of Engineering and Technology Management, 2009, 26 (3): 148-166.

[112] Torré, A. On the role played by temporary geographical proximity on knowledge transmission [J]. Regional Studies, 2008, 42 (6): 869-889.

[113] Von Hippel E. Economic of product development by users: The impact of sticky local information [J]. Management Science, 1998 (44): 629-644.

[114] Watanabe, C., Kishioka, M. & Nagamatsu, A. Effect and limit of the government role in spurring technology spillover — A case of R&D consortia by the Japanese government [J]. Technovation, 2004 (24): 403-420.

[115] Watanabe, C., Zhu B., Charla, Griffy-Brown & Asgari, B. Global technology spillover and its impact on industry's R&D strategies [J]. Technovation, 2001 (21): 281-291.

[116] Xie, Y. P., Mao, Y. Z. & Zhang, H. M. Analysis of influence of network structure, knowledge stock and absorptive capacity on network innovation achievements [J]. Energy Procedia, 2011 (5): 2015-2019.

[117] Zahra, S. & George, G. Absorptive capacity: A review, reconceptualization and extension [J]. Academy of Management Review, 2002, 27 (2): 185-203.

[118] 波兰尼. 个人知识——迈向后批判哲学 [M]. 贵阳: 贵州人民出版社, 2000.

[119] 陈冬华. 地方政府、公司治理与补贴收入——来自我国证券市场

的经验证据 [J]. 财经研究, 2003 (9): 15-21.

[120] 陈涛涛, 陈娇. 行业增长因素与我国 FDI 行业内溢出效应 [J]. 经济研究, 2006 (6): 39-47.

[121] 陈涛涛. 中国 FDI 行业内溢出的内在机制研究 [J]. 世界经济, 2003 (9): 23-28.

[122] 陈晓萍, 徐淑英. 组织与管理研究的实证方法 [M]. 北京: 北京大学出版社, 2008.

[123] 陈学光. 网络能力、创新网络及创新绩效关系研究——以浙江高技术企业为例 [D]. 浙江大学博士学位论文, 2007.

[124] 程强, 尹志峰, 叶静怡. 国有企业与区域创新效率——基于外部性的分析视角 [J]. 产业经济研究, 2015 (4): 10-20.

[125] 池仁勇. 区域中小企业创新网络的结点联结及其效率评价研究 [J]. 管理世界, 2007 (1): 105-121.

[126] 池仁勇. 区域中小企业创新网络形成、结构属性与功能提升: 浙江省实证考察 [J]. 管理世界（月刊）, 2005 (10): 102-112.

[127] 崔新健, 宫亮亮. 跨国公司在中国选择高校 R&D 合作伙伴的影响因素 [J]. 中国软科学, 2008 (1): 34-40.

[128] 达文波特, 普鲁萨克. 营运知识: 工商企业的知识管理 [M]. 王者译. 南昌: 江西教育出版社, 1999.

[129] 党兴华, 李莉. 技术创新合作中基于知识位势的知识创造模型研究 [J]. 中国软科学, 2005 (11): 143-148.

[130] 党兴华, 张首魁. 模块化技术创新网络结点耦合关系研究 [J]. 中国工业经济, 2005 (1): 85-91.

[131] 德威利斯. 量表编制: 理论与应用 [M]. 魏勇刚, 龙长权等译. 重庆: 重庆大学出版社, 2004.

[132] 丁荣贵, 孙涛. 政府投资产学研合作项目治理方式研究框架 [J]. 中国软科学, 2008 (9): 101-111.

[133] 范兆斌, 苏晓艳. 全球研发网络、吸收能力与创新价值链动态升级 [J]. 经济管理, 2008 (11): 12-17.

[134] 方海珍. 金岳霖知识论探析 [D]. 南昌大学博士学位论文, 2005.

[135] 冯锋, 王亮. 产学研合作创新网络培育机制分析——基于小世界网络模型 [J]. 中国软科学, 2008 (11): 82-86.

[136] 冯荣凯. 中国纳米技术商业化模式分析 [D]. 辽宁大学博士学位论文, 2009.

[137] 高展军, 李垣. 企业吸收能力研究阐述 [J]. 科学管理研究, 2005, 23 (6): 66-69.

[138] 格罗斯曼, 赫尔普曼. 全球经济中的创新与增长 [M]. 何帆, 牛勇平, 唐迪译. 北京: 中国人民大学出版社, 2003.

[139] 苟仲文. 我国电子信息产业体系的形成机理研究 [J]. 中国软科学, 2006 (6): 1-12.

[140] 过聚荣, 茅宁. 基于进入权理论的技术创新网络治理分析 [J]. 中国软科学, 2005 (2): 73-79.

[141] 韩伯棠, 方伟, 王栋等. 企业集群网络的知识溢出研究综述 [J]. 科技进步与对策, 2008 (11): 230-235.

[142] 黄凌云, 范艳霞, 刘夏明. 基于东道国吸收能力的 FDI 技术溢出效应 [J]. 中国软科学, 2007 (3): 30-34.

[143] 黄速建, 余菁. 国有企业的性质、目标与社会责任 [J]. 中国工业经济, 2006 (2): 68-76.

[144] 黄速建. 中国产业集群创新发展报告 2010~2011——构建集群创新能力 [M]. 北京: 经济管理出版社, 2010.

[145] 黄婷婷, 鲁虹. 基于多 Agent 模型的产学研合作机制研究 [J]. 中国软科学 (增刊) (下), 2009 (10): 237-242.

[146] 黄险峰, 李平. 国有企业效率、产出效应与经济增长: 一个分析框架和基于中国各省区的经验研究 [J]. 产业经济评论, 2009 (1): 39-56.

[147] 江小涓. 中国的外资经济：对增长、结构升级和竞争力的贡献 [M]. 北京：中国人民大学出版社，2006.

[148] 蒋翠清，杨善林，梁昌勇等. 发达国家企业知识创新网络连接机制及其启示 [J]. 中国软科学，2006 (8)：134-140.

[149] 蒋殿春，张宇. 行业特征与外商直接投资的技术溢出效应：基于高新技术产业的经验分析 [J]. 世界经济，2006 (10)：21-29.

[150] 蒋军锋，党兴华，刘兰建. 基于现代场理论的技术创新网络知识测度特征研究 [J]. 中国软科学，2007 (3)：22-28.

[151] 焦少飞，张炜，杨选良. 技术体制、研发努力与创新绩效：来自中国制造业的证据 [J]. 中国软科学，2010 (5)：37-43.

[152] 金碚. 论国有企业改革再定位 [J]. 中国工业经济，2010 (4)：5-13.

[153] 金碚. 三论国有企业是特殊企业 [J]. 中国工业经济，1999 (7)：5-9.

[154] 金岳霖. 知识论 [M]. 北京：中国人民大学出版社，2010.

[155] 克鲁格曼·保罗. 地理和贸易 [M]. 北京：北京大学出版社，2000.

[156] 孔东民，刘莎莎，王亚男. 市场竞争、产权与政府补贴 [J]. 经济研究，2013 (2)：55-67.

[157] 库尔特·多普菲. 演化经济学：纲领与范围 [M]. 贾根良等译. 北京：高等教育出版社，2004.

[158] 李海舰. 中国流通产业创新的政策内容及其对策建议 [J]. 中国工业经济，2003 (12)：39-47.

[159] 李汇东，唐跃军，左晶晶. 用自己的钱还是用别人的钱创新？——基于中国上市公司融资结构与公司创新的研究 [J]. 金融研究，2013 (2)：170-183.

[160] 李锐，鞠晓峰. 产业创新系统的自组织进化机制及动力模型 [J]. 中国软科学（增刊），2009 (9)：159-163.

[161] 李文博. 产业集群网络中知识溢出关键影响因素的实证研究 [J]. 科技进步与对策, 2011 (1): 142-145.

[162] 李新春, 李胜文, 张书军. 高技术与非高技术产业创新的单要素效率 [J]. 中国工业经济, 2010 (5): 68-77.

[163] 李新男. 创新"产学研结合"组织模式构建产业技术创新战略联盟 [J]. 中国软科学, 2007 (5): 9-12.

[164] 李雪灵, 姚一玮, 王利军. 新企业创业导向与创新绩效关系研究: 积极型市场导向的中介作用 [J]. 中国工业经济, 2010 (6): 116-125.

[165] 连燕华, 马晓光. 我国产学研合作发展态势评价 [J]. 中国软科学, 2001 (1): 54-59.

[166] 廖冠民, 沈红波. 国有企业的政策性负担: 动因、后果及治理 [J]. 中国工业经济, 2014 (6): 96-108.

[167] 刘满凤, 唐厚兴. 组织间知识溢出吸收模型与仿真研究 [J]. 科研管理, 2011 (9): 74-82.

[168] 刘培育. 金岳霖思想研究 [M]. 北京: 中国社会科学出版社, 2004.

[169] 刘元春. 国有企业宏观效率论——理论及其验证 [J]. 中国社会科学, 2001 (5): 69-81, 206.

[170] 刘元春. 国有企业的"效率悖论"及其深层次的解释 [J]. 中国工业经济, 2001 (7): 31-39.

[171] 柳卸林. 我国产业创新的成就与挑战 [J]. 中国软科学, 2002 (12): 109-113.

[172] 鲁新. 创新网络形成与演化机制研究 [D]. 武汉理工大学博士学位论文, 2010.

[173] 罗素. 西方哲学史 [M]. 何兆武, 李约瑟译. 北京: 商务出版社, 1963.

[174] 罗素. 西方智慧 [M]. 亚北译. 北京: 中国妇女出版社, 2004.

[175] 洛克. 人类理解论 [M]. 关文运译. 北京：商务印书馆，2011.

[176] 吕新军. 代理冲突与企业技术创新关系的实证分析 [J]. 科研管理, 2014 (11): 60-67.

[177] 马俊如. 核心技术与核心竞争力——探讨企业为核心的产学研结合 [J]. 中国软科学, 2005 (7): 4-6.

[178] 毛荐其, 俞国方. 点—链—群: 三层创新网络勾画创新城市 [J]. 中国软科学, 2006 (11): 137-140.

[179] 潘松挺, 蔡宁. 企业创新网络中关系强度的测量研究 [J]. 中国软科学, 2010 (5): 108-115.

[180] 培根. 新工具 [M]. 许宝骙译. 北京：商务出版社，1984.

[181] 齐延信, 吴祈宗. 突破性创新网络组织及组织能力研究 [J]. 中国软科学, 2000 (9): 80-83.

[182] 奇达夫·马汀, 蔡文彬. 社会网络与组织 [M]. 王凤彬, 朱超威等译. 北京：中国人民大学出版社, 2007.

[183] 钱锡红, 杨永福, 徐万里. 企业网络位置、吸收能力与创新绩效 [J]. 管理世界, 2010 (5): 118-129.

[184] 邱斌, 杨帅, 辛培江. FDI 技术溢出渠道与中国制造业生产率增长研究——基于面板数据的分析 [J]. 世界经济, 2003 (9): 20-31.

[185] 邱皓政, 陈燕祯, 林碧芳. 组织创新气氛量表的发展与信效度衡鉴 [J]. 测验学刊, 2009, 56 (1): 69-97.

[186] 渠敬东, 周飞舟, 应星. 从总体支配到技术治理——基于中国 30 年改革经验的社会学分析 [J]. 中国社会科学, 2009 (6): 104-127, 207.

[187] 任胜钢, 宋迎春, 王龙伟等. 基于企业内外部网络视角的创新绩效多因素影响模型与实证研究 [J]. 中国工业经济, 2010 (4): 100-108.

[188] 阮国祥, 阮平南. 集群网络企业间知识转移演化博弈仿真分析 [J]. 图书情报工作, 2011 (8): 77-81.

[189] 沈坤荣, 耿强. 外国直接投资、技术外溢与内生经济增长 [J].

中国社会科学, 2001 (5): 82-93.

［190］沈坤荣, 李剑. 企业间技术外溢的测度 [J]. 经济研究, 2009 (4): 77-89.

［191］斯泰尔, 维克托, 内尔森. 技术创新与经济绩效 [M]. 上海: 上海人民出版社, 2006.

［192］宋常, 严宏沈. 科技创新企业的外部性与政府补贴研究 [J]. 黑龙江社会科学, 2008 (1): 62-64.

［193］陶锋. 吸收能力、价值链类型与创新绩效——基于国际代工联盟知识溢出的视角 [J]. 中国工业经济, 2011 (1): 140-150.

［194］佟晶石. 产学研合作创新体系与自主知识产权 [J]. 中国软科学, 2003 (9): 80-83.

［195］童昕, 王缉慈. 论全球化背景下的本地创新网络 [J]. 中国软科学, 2000 (9): 80-83.

［196］王国红, 邢蕊, 唐丽艳. 基于知识场的产业集成创新研究 [J]. 中国软科学, 2010 (9): 96-107.

［197］王伟光, 冯荣凯, 尹博. 产业创新网络中核心企业控制力能够促进知识溢出吗？[J]. 管理世界, 2015 (6): 99-109.

［198］王伟光, 冯荣凯, 尹博. 技术引进、自主创新与技术效率 [J]. 辽宁大学学报, 2015 (5): 100-109.

［199］魏后凯. 我国地区工业技术创新力评价 [J]. 中国工业经济, 2004 (5): 15-22.

［200］魏江. 小企业集群创新网络的知识溢出效应分析 [J]. 科研管理, 2003 (7): 54-60.

［201］魏守华, 姜宁, 吴贵生. 内生创新努力、本土技术溢出与长三角高技术产业创新绩效 [J]. 中国工业经济, 2009 (2): 25-34.

［202］翁君奕. 竞争、不确定性与企业间技术创新合作 [J]. 经济研究, 2002 (3): 53-60.

[203] 吴海滨,李垣,谢恩. 基于组织互动和个人关系的联盟演化模型 [J]. 科研管理, 2004 (1): 5-60.

[204] 吴添祖. 民营科技型企业的创新特征与创新绩效研究 [J]. 中国软科学, 2002 (8): 86-90.

[205] 吴晓冰. 集群企业创新网络特征、知识获取及创新绩效关系研究 [D]. 浙江大学博士学位论文, 2009.

[206] 夏辉,夏光. "三区联动"创新网络在城市创新系统中的地位探析 [J]. 中国软科学, 2008 (10): 73-78.

[207] 夏维力,孙晓菲. 高新技术企业的产业创新路径研究 [J]. 中国软科学, 2006 (11): 151-155.

[208] 夏先良. 知识论——知识产权、知识贸易和经济发展 [D]. 中国社会科学院博士学位论文, 2000.

[209] 肖兴志,王伊攀,李姝. 政府激励、产权性质与企业创新——基于战略性新兴产业260家上市公司数据 [J]. 财经问题研究, 2013 (12): 26-33.

[210] 肖泽磊,项喜章,刘虹. 高新技术产业创新群构成要素及优势分析 [J]. 中国软科学, 2010 (7): 103-111.

[211] 休谟. 人性论 [M]. 关文运译,郑之骧校. 北京: 商务印书馆, 1980.

[212] 徐二明,张晗. 中国上市公司国有股权对创新战略选择和绩效的影响研究 [J]. 管理学报, 2011 (2): 206-213.

[213] 徐和平,孙林岩,慕继丰. 产品创新网络及其治理机制研究 [J]. 中国软科学, 2003 (6): 77-82.

[214] 徐力行,高伟凯. 产业创新与产业协同——基于部门间产品嵌入式创新流的系统分析 [J]. 中国软科学, 2007 (6): 131-140.

[215] 徐盟. 产业集群内创新网络运行机制研究 [D]. 山东大学博士学位论文, 2009.

[216] 杨慧馨,刘春玉. 知识溢出效应与企业集聚定位决策 [J]. 中国

工业经济，2005（12）：41-48.

[217] 杨治，闫泽斌，余林徽，徐骏辉. 国有企业研发投入对民营企业创新行为的影响 [J]. 科研管理，2015（4）：82-90.

[218] 野中郁次郎，竹内广隆. 创造知识的企业：日美企业持续创新的动力 [M]. 李萌，高飞译. 北京：知识产权出版社，2006.

[219] 余菁. 走出国有企业理论纷争的丛林：一个关于国有企业目标、绩效和治理问题的综合分析 [J]. 中国工业经济，2008（1）：139-146.

[220] 詹姆士. 实用主义 [M]. 燕晓冬译. 重庆：重庆出版社，2006.

[221] 张方华. 网络嵌入影响企业创新绩效的概念模型与实证分析 [J]. 中国工业经济，2010（4）：110-119.

[222] 张怀民，汤萱，王卉珏. 企业核心竞争力——技术创新和技术创新价值链 [J]. 科技管理研究，2002（6）：41-42.

[223] 张首魁，党兴华，张莉. 松散耦合系统：技术创新网络组织结构研究 [J]. 中国软科学，2006（9）：122-129.

[224] 张帏，郭鲁伟. 从硅谷的产业发展看创新与创业精神集成的重要性 [J]. 中国软科学，2003（9）：102-106.

[225] 张昕，李廉水. 制造业聚集、知识溢出与区域创新绩效——以我国医药、电子及通讯设备制造业为例的实证研究 [J]. 数量经济技术经济研究，2007（8）：35-43，89.

[226] 张运生. 高科技产业创新生态系统耦合战略研究 [J]. 中国软科学，2009（1）：134-143.

[227] 张治河，谢忠泉. 我国钢铁产业创新与发展的问题及管理措施 [J]. 中国软科学，2006（2）：31-37.

[228] 赵勇，白永秀. 知识溢出：一个文献综述 [J]. 经济研究，2009（1）：144-156.

[229] 郑登攀，党兴华. 技术溢出对中小企业合作创新倾向的影响研究 [J]. 科技学与科学技术管理，2008（8）：63-67.

[230] 仲伟俊，梅姝娥，谢园园. 产学研合作技术创新模式分析 [J]. 中国软科学，2009（8）：174-181.

[231] 周立军. 区域创新网络的结构与创新能力研究 [D]. 南开大学博士学位论文，2009.

[232] 周叔莲. 20年中国国有企业改革经验的理论分析 [J]. 中国社会科学院研究生院学报，2000（3）：1-11，78.

[233] 周殷华，范璐，沈小白. 我国Linux发展的成功模式：政府引导的产学研战略联盟——以中科红旗公司为例 [J]. 中国软科学，2008（8）：85-92.